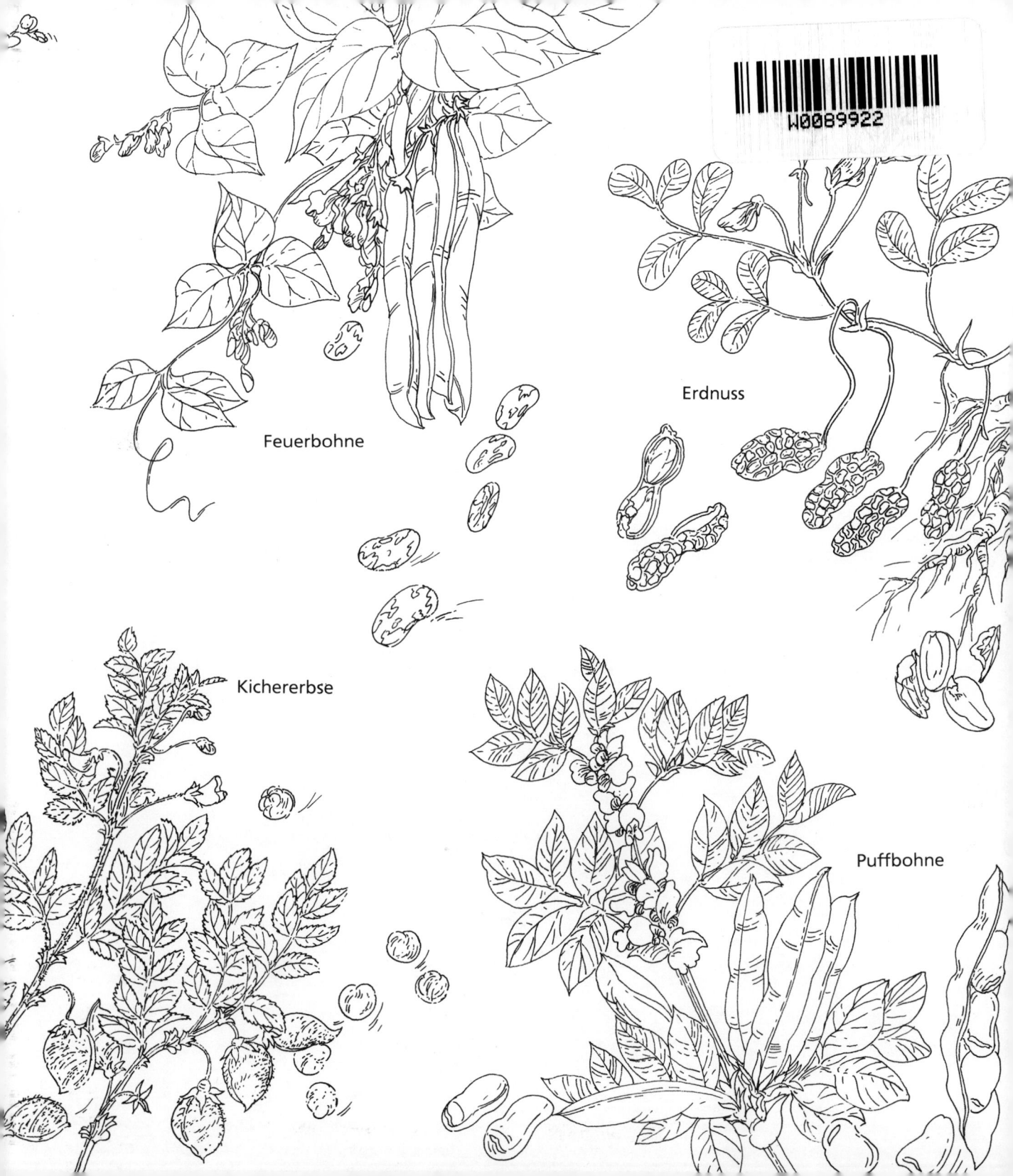

Feuerbohne

Erdnuss

Kichererbse

Puffbohne

Hülsenfrüchte

Verena Krieger

Hülsenfrüchte

Köstliche Rezepte aus der Vollwertküche
mit Linsen, Erbsen und Bohnen

AT Verlag

2. Auflage, 1992

© 1990
AT Verlag Aarau (Schweiz)
Gestaltung und Zeichnungen: Dora Wespi
Fotos: Atelier König & König, Zürich
Gesamtherstellung:
Grafische Betriebe Aargauer Tagblatt AG, Aarau
Printed in Switzerland

ISBN 3-85502-382-4

Inhalt

Massangaben

EL = Esslöffel (gestrichen) = 15 ml

TL = Teelöffel oder Kaffeelöffel (gestrichen)
= 5 ml

Pr. = Prise

l = Liter
ml = Milliliter (100 ml = 1 dl = $\frac{1}{10}$ l)

MS = Messerspitze

Wo nichts anderes angegeben, sind die
Rezepte für 4 mittelgrosse Portionen
berechnet.

Die guten Tugenden der Linsen, Erbsen und Bohnen

Pythagoras riet seinen Schülern, das Bohnenessen zu lassen, und in einem Gesundheitsratgeber aus dem 14. Jahrhundert heisst es über Bohnen: «Sie machen dick, erzeugen Übelkeit, ein schweres Gefühl im Kopf und bringen unruhigen Schlaf...». Die Prinzessin im Märchen konnte tatsächlich wegen einer einzigen Erbse nicht schlafen, und das Aschenbrödel musste, statt auf dem königlichen Ball zu tanzen, Linsen aus der Asche lesen. Nein, sie haben keinen guten Ruf, die Hülsenfrüchte, die trockenen Erbsen, die dicken Bohnen und die armseligen Linsen. Man isst sie dann, wenn das Geld für gutes Fleisch nicht mehr reicht. Ist es da verwunderlich, dass uns in einer Zeit sich türmender Fleischberge der Appetit darauf fehlt? Wer möchte schon mit Saubohnengerichten an Krieg und Krise erinnert werden?

Ein Plädoyer für die Tugenden der Hülsenfrüchte müsste also eigentlich auf taube Ohren stossen. Nun ist aber gerade das Gegenteil der Fall. Die bescheidenen Samen sind bei fortschrittlichen Ernährungsexperten und aufgeschlossenen Gastrosophen wieder gefragt. Warum?

- Hülsenfrüchte sind eine gute Quelle von Eiweiss. Besonders wenn sie zusammen mit Getreide (Reis, Mais, Teigwaren, Brot, usw.) gegessen werden, erhält man pflanzliches Protein, das dem tierischen ebenbürtig ist.
- Verglichen mit Fleisch enthalten Linsen, Erbsen und Bohnen wesentlich mehr der Vitamine A und B und der Mineralstoffe Kalium, Kalzium, Phosphor und Eisen. Damit letzteres gut aufgenommen werden kann, muss zu Hülsenfruchtgerichten viel Vitamin C in Salat, Gemüse und Früchten gegessen werden.
- Hülsenfrüchte sind ballaststoffreich. Deshalb sättigen sie gut, wirken der Verstopfung entgegen und können sogar helfen, einen überhöhten Cholesterinspiegel zu senken. Fleisch hingegen enthält kein Gramm Ballaststoffe.
- Hülsenfrüchte sind fettarm. Nur etwa 4% der Kalorien sind Fettkalorien, verglichen mit bis zu 70% bei tierischen Eiweissprodukten.
- Entgegen einer weitverbreiteten Meinung sind Hülsenfrüchte ausgesprochene Schlankmacher. Eine Portion Rindfleisch enthält 40% mehr Kalorien als eine Portion Bohnen.
- Auch Diabetiker dürfen bei Linsen-, Erbsen- und Bohnengerichten zugreifen. Ihre Kohlenhydrate gehen sehr langsam ins Blut über und sind deshalb kaum blutzuckerwirksam.

• Hülsenfrüchte sind billig. Eine Portion biologischer Linsen kostet etwa 15 Rappen. Wer hie und da Hülsenfrüchte statt Fleisch auf den Tisch bringt, kann sich dafür bei den übrigen Zutaten (z. B. beim Öl, beim biologischen Gemüse) die beste Qualität leisten.

Doch seien wir ehrlich. Alle diese Vorzüge können noch so überzeugend sein, wenn sich nach dem Essen Krämpfe oder Wind in den Därmen einstellen, vergessen wir die angebrochene Bohnenpackung nur allzugerne zuhinterst im Vorratsschrank. Die unangenehmen Nebenerscheinungen sind auf die schwerverdaulichen Bohnenzuckerarten Raffinose, Stachyose und Verbacose zurückzuführen. Durch den regelmässigen Genuss von Hülsenfrüchten gewöhnt sich der Körper allmählich an diese Störenfriede. Es ist wie mit andern Organen auch. Wer untrainiert eine Bergtour macht, wird am nächsten Tag vor Muskelkater kaum gehen können, nach mehreren Besteigungen aber kaum noch etwas spüren. Während der «Trainingszeit» mit Hülsenfrüchten helfen verdauungsfreundliche Kräutertees, z. B. Fenchel, über die Runden und in schwierigen Fällen Birkenkohle. Letztere ist als unschädliche Tablette erhältlich, sollte aber nicht über längere Zeit regelmässig eingenommen werden. Ferner ist – zumindest für Ungeübte – das Masshalten wichtig, was nicht immer leichtfällt. Wie schnell hat man sich an einem lukullischen Linseneintopf übergessen! Die beste aller Vorsichtsmassnahmen ist die richtige Zubereitung. Lesen Sie deshalb, bevor Sie sich in die Hülsenfrüchteküche begeben, das nächste Kapitel.

Die Regeln der Hülsenfrüchteküche

1.

Einkaufen und Aufbewahren. Reformhäuser, Bioläden und gute Lebensmittelgeschäfte haben eine grosse Auswahl an Hülsenfrüchten. Sie können in der Originalpackung oder in Behältern aus Glas, Keramik, Metall oder Kunststoff bei Zimmertemperatur bis zu 1 Jahr aufbewahrt werden.

Hülsenfrüchte sind zwar fast unbeschränkt haltbar, werden aber mit der Zeit härter und trockener. Samen, die mehr als 2 Jahre alt sind, müssen länger – bis doppelt so lang – eingeweicht und gekocht werden. Kaufen Sie Hülsenfrüchte aus biologischem Anbau. Sie sind derart billig, dass der kleine Mehrpreis nicht ins Gewicht fällt.

2.

Verlesen. Die Hülsenfrüchte abwägen und möglicherweise vorhandene Fremdkörper aussortieren.

Das Verlesen ist vor allem bei Linsen empfehlenswert, da diese nahe am Boden wachsen, so dass oft auch Steinchen mitgeerntet werden.

3.

Waschen. Die Hülsenfrüchte mit viel kaltem Wasser in den Topf geben, in dem sie später gekocht werden und schwenken. Teile, die obenauf schwimmen, wegschütten, den Rest mit einem Mehlsieb auffangen. So oft wiederholen, bis das Wasser sauber bleibt.

4.

Einweichen. Die Hülsenfrüchte mit der drei- bis vierfachen Menge kaltem Wasser zurück in den Topf geben und 8 bis 12 Stunden quellen lassen. Dickschalige Favabohnen brauchen 24 Stunden Quellzeit (das Wasser zwischendurch wechseln). Linsen und geschälte Erbsen müssen nicht eingeweicht werden.

Am einfachsten ist es, wenn die Samen am Vorabend fürs Mittagmahl oder am Morgen fürs Abendessen eingeweicht werden. Ist dies einmal vergessen worden, so kann es mit der folgenden schnellen Methode nachgeholt werden: Die Hülsenfrüchte mit der dreifachen Menge Wasser aufkochen, 1 Minute köcheln lassen, vom Feuer nehmen und 2 Stunden stehen lassen. Dann wie eingeweichte Hülsenfrüchte spülen und kochen.

5.

Spülen. Das Einweichwasser durch das Mehlsieb weggiessen und die gequollenen Samen auffangen. Gründlich unter fliessendem Wasser spülen. Zurück in den Topf geben und mit frischem Wasser auffüllen, bis es etwa 1 cm über den Samen steht.

Diese Massnahme bewirkt, dass die Hülsenfrüchte besser verdaulich werden. Mit dem Einweichwasser wird nämlich ein Teil der Stoffe weggeschüttet, die zu Blähungen führen können. Natürlich gehen damit auch Nährstoffe verloren. Aber was nützen uns diese in den Bohnen, wenn wir sie später infolge von Verdauungsproblemen nicht aufnehmen können?

6.

Kochen. Die Hülsenfrüchte zum Kochen bringen und zugedeckt bei kleinster Hitze weich kochen. Sie müssen während der Kochzeit immer mit Flüssigkeit bedeckt sein. Ist dies einmal nicht mehr der Fall, mit *heissem* Wasser nachfüllen. Die folgenden Kochzeiten sind Richtwerte. Sie können je nach Sorte, Alter und Verwendung der Samen sowie Einweichzeit und Wasserhärte variieren.

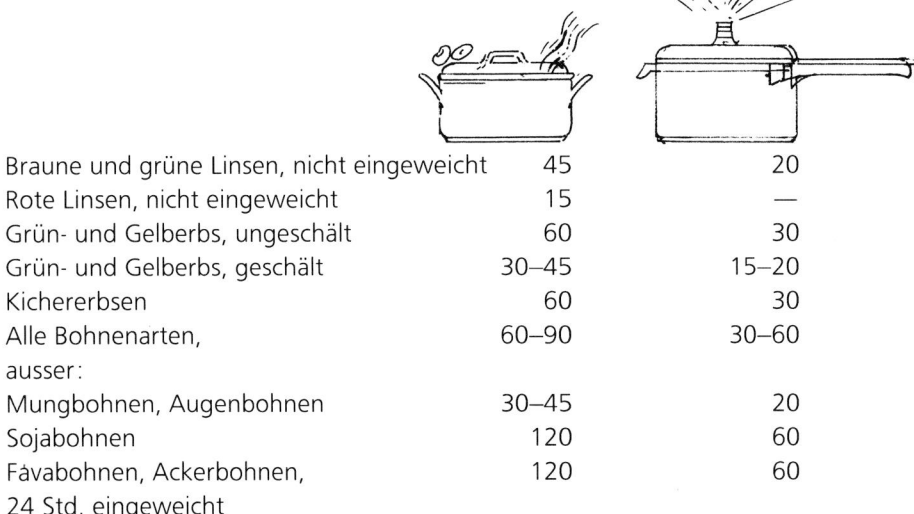

Kochzeit in Minuten	konventionell	im Dampfkochtopf
Braune und grüne Linsen, nicht eingeweicht	45	20
Rote Linsen, nicht eingeweicht	15	—
Grün- und Gelberbs, ungeschält	60	30
Grün- und Gelberbs, geschält	30–45	15–20
Kichererbsen	60	30
Alle Bohnenarten, ausser:	60–90	30–60
Mungbohnen, Augenbohnen	30–45	20
Sojabohnen	120	60
Favabohnen, Ackerbohnen, 24 Std. eingeweicht	120	60

Die Zeitangaben in den Rezepten gelten für konventionelles Kochen. Es lohnt sich aber, vor allem bei Samen mit langen Kochzeiten, den Dampfkochtopf zu nehmen, da er die Kochzeit um die Hälfte bis zwei Drittel reduziert. Bei Samen, die nicht zerfallen dürfen, zum Beispiel wenn sie für Salate verwendet werden, sollte die Dampfkochzeit vorsichtig und knapp bemessen werden. Sonst gilt aber, Hülsenfrüchte eher zuviel als zuwenig zu kochen, da sie durch langes Kochen bekömmlicher und meist auch schmackhafter werden. Im klassischen Bohnenland Mexiko kocht man sie bis zu 6 Stunden.

7.

Würzen. Hülsenfrüchte nur mit Wasser und, wenn gewünscht, getrockneten Kräutern und milden Gewürzen (Lorbeer, Bohnenkraut, Thymian, Koriander, Kümmel usw.) weich kochen.

Salz- und säurehaltige Zutaten bewirken, dass die Hülsenfrüchte nicht gar werden und fast unverdaulich bleiben. Das sind Koch-, Meer- und Kräutersalz, Gewürzextrakte, Sojasauce, Essig, Senf, Zitronensaft, Tomaten und Früchte. Erst wenn die Samen die gewünschte Konsistenz erreicht haben, kann der Garprozess mit Würz- und Aromazutaten gestoppt werden. Man kann das Gericht dann beliebig lang weiterkochen, die Samen zerfallen nicht mehr.

8.

Mengen. 25 bis 50 g ungekochte Hülsenfrüchte ergeben eine Portion.

Es lohnt sich bei den meisten Gerichten, gleich mehr als nur für eine Mahlzeit zu kochen, denn sie schmecken in grossen Mengen gekocht noch besser. Zudem ergeben besonders die Suppen und Eintöpfe wohlschmeckende Restenmahlzeiten. Die Resten gut zugedeckt im Kühlschrank aufbewahren oder in Tagesportionen abgepackt einfrieren. Bei Plätzchen und Frikadellen wird die Masse vor dem Braten eingefroren.

9.

Essen. Ein vollwertiges Hülsenfrüchtemenü besteht aus einem stärkehaltigen Gericht (Getreide, Teigwaren, Brot, Kartoffeln), Hülsenfrüchten, Salat oder Gemüse und Früchten, ergänzt durch Milchprodukte und, wenn gewünscht, wenig Fleisch.

Am bekömmlichsten und von der Nährstoffergänzung her am optimalsten ist ein Verhältnis von ⅔ Getreide oder Kartoffeln und ⅓ Hülsenfrüchte. In vielen der folgenden Rezepte sind diese beiden Nahrungsmittelgruppen sowie Milchprodukte bereits enthalten, so dass nur noch die Vitaminspender Salat, Gemüse oder Obst dazu serviert werden müssen. Hülsenfrüchte sind Eiweissspender. Sie dürfen in einer Fleisch-, Fisch- oder Eiermahlzeit die stärkehaltige Beilage nicht ersetzen, sondern höchstens ergänzen.

Uralt und immer noch «in»: Linsen

Wahrscheinlich gehörten Linsen zu den Leibspeisen der Pharaonen, denn aufgrund von Grabfunden weiss man, dass sie sie sogar auf ihre Reise in die Ewigkeit mitnahmen. Die ältesten Linsenfunde im Vorderen Orient sind über 10 000 Jahre alt. Einige Jahrtausende später, in der Jungsteinzeit, war diese Kulturpflanze in ganz Europa verbreitet, lieh, wiederum einige Jahrtausende später, optischen Gläsern mit der gleichen Form ihren Namen und verlor dann allmählich an Ansehen.

In Mitteleuropa wurden Linsen bis um die Jahrhundertwende angebaut. Jetzt hat sich ihre Kultur wieder nach Osten zurückgezogen, weil diese Ackerpflanze in unserer von Viehzucht geprägten Landwirtschaft nicht mehr rentiert. Indien, die Türkei und Syrien sind die wichtigsten Linsenproduzenten. Am wohlsten scheint sie sich immer noch im alten Reich der Pharaonen zu fühlen. In Ägypten werden nämlich die höchsten Hektarerträge erzielt.

Seit es die kleinen, weniger mehligen grünen und die leuchtend roten Sorten fast überall zu kaufen gibt, sind Linsen wieder «in». In einem Feinschmeckerrestaurant blättert man für eine von einem Könnerkoch zubereitete Linsenbeilage ohne weiteres 20 bis 30 Franken hin. Bevor Sie sich jedoch in solche Unkosten stürzen, versuchen Sie einmal die Linsensuppe mit Tomatenwürfeln, den warmen Linsensalat mit Schafkäse oder die Baumnuss-Linsenpastete. Vielleicht wollen Sie fortan Linsen nur noch zu Hause geniessen.

Linsensalat auf türkische Art

Bild Seite 12

150 g grüne oder braune Linsen
450 ml Wasser
1 Gurke (300 bis 400 g)
½ TL Meersalz
12 schwarze Oliven
2 EL schwarze Rosinen, klein
geschnitten, oder Korinthen
1 Tomate oder 2 Aprikosen zum
Garnieren
Sauce:
Kräutersalz
viel Pfeffer aus der Mühle
etwas abgeriebene
Zitronenschale
2 EL Zitronensaft
1 Knoblauchzehe, durchgepresst
½ TL frische Pfefferminzblätter,
fein gehackt
4 EL Joghurt
2 EL Olivenöl

Die Linsen waschen und mit dem Wasser zum
Kochen bringen. Zugedeckt 20 bis 30 Minuten
köcheln lassen, oder bis alles Wasser verkocht ist
und die Linsen gar sind. Etwas abkühlen lassen.
Die Gurke in Stäbchen schneiden (Sellerieraffel)
und mit dem Meersalz vermischen. Ziehen
lassen. In einer Schüssel die Saucenzutaten
sämig rühren. Oliven, Rosinen und Linsen dazumischen und ganz erkalten lassen. Vor dem
Servieren die Gurke von Hand etwas ausdrücken
und unterheben. Mit Tomaten- oder Aprikosen-
schnitzen garniert servieren.

Warmer Linsensalat mit Schafkäse

Besonders fein schmeckt dieses Salatgericht, das
auch Hauptgericht sein kann, mit neuen
Kartoffeln.

200 g braune oder grüne Linsen
600 ml Wasser
½ TL Thymian
1 Lorbeerblatt
600 g Kartoffeln
150 g Feta- oder Schafkäse
Vinaigrette:
1 TL Senf
Kräutersalz
4 EL Essig
1 Knoblauchzehe, durchgepresst
1 Schalotte oder 1 kleiner Bund
Schnittlauch, fein geschnitten
2 TL frischer Dill, fein
geschnitten, nach Belieben
4 EL Olivenöl

Die Linsen waschen und mit dem Wasser,
Thymian und Lorbeer in einen dickwandigen
Topf geben. Aufkochen und zugedeckt 30
Minuten köcheln lassen. Die Kartoffeln in der
Schale weich kochen. Die Vinaigrette zubereiten.
Wenn die Linsen gar sind, abseihen, ganz kurz
abschrecken und gut abtropfen lassen. Den Käse
in Würfel schneiden und zusammen mit den
Linsen in eine Schüssel geben. Sorgfältig
mischen. Die Kartoffeln wenn gewünscht
schälen, in Scheiben schneiden und dachziegelartig im Kreis auf eine grosse flache Platte oder 4
Teller legen. Die Linsen in die Mitte verteilen und
alles mit der Vinaigrette beträufeln. Sofort, also
noch leicht warm, servieren.

Rote-Linsen-Pâté

6 bis 8 Portionen als Vorspeise

200 g rote Linsen
400 ml Wasser
1 Pr. Majoran
1 Lorbeerblatt
1 Gewürznelke
1 Zwiebel, gehackt
Meersalz
2 EL Sojasauce
1 Pr. Rosenpaprika
Pfeffer aus der Mühle
100 ml Rahm

Die Linsen waschen und gut abtropfen lassen.
Mit dem Wasser, Majoran, Lorbeer, Gewürz-
nelke und Zwiebel in einen Topf geben und 15
Minuten ohne Deckel weich kochen. Mit den
übrigen Zutaten (ausser dem Rahm) kräftig
würzen und nochmals 5 Minuten kochen.
Lorbeerblatt entfernen und die Linsen mit dem
Stabmixer pürieren oder durchs Passevite
(Passiergerät) drehen. Erkalten lassen. Den Rahm
steif schlagen und unter die Linsen ziehen. Rote-
Linsen-Pâté kann in einem Schälchen als
Aufstrich oder Tunke serviert oder mit einem
Mousse- oder Eisportionierer auf flache Teller
angerichtet werden. Dazu passen rohe oder
gedämpfte Gemüsestücke und Vollkornkräcker.

Ein Experiment mit Folgen

**Eines der ersten Rezepte in
meinem Vollwertrepertoire
war ein Linsengericht. Mein
Freund Philip hatte es von
einer Indienreise mitge-
bracht. Bisher hatte ich
Linsen nur als billiges Büchsengemüse gekannt. Es hatte
mir nie besonders ge-
schmeckt und die Büchsen
hatten dementsprechend
auch immer zuhinterst auf
dem Vorratsgestell ge-
standen. Philips frischge-
kochte Linsen taten für mich
eine neue Welt einfacher Ess-
genüsse auf. Dieser Eintopf
mundete mir so sehr, dass**

ich ihn, als ich ihn zum erstenmal für mich allein kochte, gleich bis auf den letzten Rest aufass. Wie man sich denken kann, blieben die Folgen nicht aus und konnten auch mit dem besten Parfum nicht vertuscht werden.

Aus Schaden klug geworden, verteilte ich das Gericht das nächste Mal über mehrere Mahlzeiten, eine einfache Idee, die ich später in der Restaurantküche gezielt und systematisch einsetzte. Hülsenfrüchte schmecken nämlich besser, je grössere Mengen davon aufs Mal gekocht werden. Wir bereiteten unsere Linsen, unser Chili oder unsere Kichererbsenpaste immer im allergrössten Topf zu, füllten sie frisch in Eintagesbehälter ab und legten sie auf Eis. Statt jeden Tag Chili zu kochen, mussten wir vor dem Heimgehen nur noch daran denken, die Tagesportion zum Auftauen aus dem Tiefkühler zu holen. Genau gleich gehe ich heute noch im Haushalt vor. Man braucht dazu keine Tiefkühltruhe. Jeder Kühlschrank hat ein Tiefkühlfach, das, so meine ich, für solche wirklich energie- und zeitsparenden Zwecke reserviert sein sollte.

Philips indische Linsen

250 g grüne oder braune Linsen
¾ l Wasser
1 Lorbeerblatt
200 g Sellerie
½ TL Kreuzkümmel
½ TL Korianderpulver
50 g Butter
2 Knoblauchzehen, durchgepresst
1 EL frischer Ingwersaft, Seite 77 oder 1 TL Ingwerpulver
1 TL Meersalz
Sojasauce zum Abschmecken
Joghurt als Sauce

Die Linsen waschen und mit dem Wasser und Lorbeerblatt in einen Topf geben. Aufkochen und ½ Stunde köcheln lassen. Inzwischen den Sellerie rüsten und in kleine Würfelchen schneiden. Zu den Linsen geben. In einer Saucenpfanne Kreuzkümmel und Koriander ein paar Sekunden rösten. Butter, Knoblauch und Ingwer zugeben. Zu einem Sösschen verrühren und zu den Linsen geben. Salzen und köcheln lassen, bis Linsen und Sellerie ganz gar sind. Mit Sojasauce abschmecken. Die Linsen mit Joghurt servieren. Dazu passt Salat oder Gemüse und ein Kartoffel- oder Getreidegericht.

Linsen unter der Haube

4 bis 6 Portionen

300 g grüne oder braune Linsen
900 ml Wasser
1 Zweiglein Thymian
1 Pr. Majoran
1 EL Butter oder Öl
1 Knoblauchzehe
1 bis 2 Karotten, in Rädchen
geschnitten
400 g Lauch, geputzt und in
breite Streifen geschnitten
1 TL Meersalz
Pfeffer aus der Mühle
Sojasauce oder Hefewürze
2 Handvoll (ca. 60 g)
Baumnusskerne
Joghurt, Sauermilch oder saurer
Halbrahm

Die Linsen mit dem Wasser, Thymian und
Majoran in einem grossen Topf 30 Minuten
weich kochen. Inzwischen die Gemüse rüsten
und in einer Bratpfanne das Fett erwärmen.
Knoblauch hineinpressen und die Karotten darin
wenden. Den Lauch zugeben und andämpfen,
bis er zusammenfällt. Zu den weichgekochten
Linsen geben. Würzen und alles nochmals 10
Minuten köcheln lassen. Mit Sojasauce
abschmecken. Die Baumnusskerne in einer
Pfanne ohne Fett langsam rösten, bis sie fein
duften. Die Linsen in Suppenteller anrichten.
Mit einer Joghurt-, Sauermilch- oder Sauerrahm-
haube und mit Baumnüssen bestreut servieren.
Dazu passt Vollkornbrot und ein feiner Salat.

Curry-Linsen-Pilaw

Indisch

phantastisch

4 bis 6 Portionen

100 g braune Linsen
300 g Vollreis
¾ l Wasser
50 g Butter
2 EL Curry
2 TL frischer Ingwer, ganz fein
gehackt oder 2 TL Ingwerpulver
2 Knoblauchzehen, ausgepresst
2 Zwiebeln, fein gehackt
2 grosse Kartoffeln, in kleine
Würfel geschnitten
etwa ½ l Milch
6 EL Kokosraspeln
Meersalz

Linsen, Reis und Wasser in einen Topf geben und
während 40 Minuten weich kochen. In einem
grossen, schweren Topf die Butter erwärmen
und Curry, Ingwer und Knoblauch darin
wenden. Die Zwiebeln beifügen und glasig
braten, dann die Kartoffeln kurz mitbraten.
Milch, Kokosraspeln und Salz dazugeben und
köcheln lassen, bis die Kartoffeln gar sind. Den
Linsenreis in diese Sauce geben, gut mischen
und nochmals aufkochen lassen. Zusammen mit
Raita, Seite 80, und einem Gemüsegericht oder
Salat servieren.

Karfreitagssuppe

6 Portionen

Vielerorts wurden früher am Karfreitag Linsen gegessen, denn sie sollen läutern und uns von den Sünden befreien.

175 g grüne oder braune Linsen
1 l Wasser
2 Gewürznelken
1 Lorbeerblatt
100 ml Rotwein
Gemüseextrakt
Butter oder Öl
1 Zwiebel, fein gehackt

Die Linsen waschen, abtropfen lassen und mit dem Wasser in einen Topf geben. Nelken und Lorbeer in einem Tee-Ei zugeben. 30 Minuten zugedeckt weich kochen. Die Zwiebel im Fett glasig braten und zu den gekochten Linsen geben. Rotwein und Gemüseextrakt ebenfalls beifügen und alles nochmals 5 Minuten köcheln lassen. Die Suppe in Suppenteller anrichten und mit einem Tupfer Meerrettichschaum, Seite 78, oder Joghurt auftragen.

Jakobs Linsengemüse

200 g rote Linsen
Butter oder Olivenöl
1 Zwiebel, fein gehackt
Schnittsellerie, Thymian,
Kümmel oder Kreuzkümmel
etwa 2 TL Gemüseextrakt

Die Linsen verlesen, waschen und abtropfen lassen. In einem Topf die Zwiebel im Fett glasig braten. Die Linsen zugeben und mit Wasser auffüllen, bis die Linsen bedeckt sind. Sellerie, Thymian und Kümmel beifügen und alles zum Kochen bringen. Zugedeckt köcheln lassen, bis die Linsen zerfallen (etwa 15 Minuten). Mit dem Gemüseextrakt nach Geschmack würzen und nochmals 15 Minuten zugedeckt auf kleinstem Feuer ziehen lassen.

Aromatische Linsensuppe
mit Tomatenwürfeln

Curryblätter, schwarze Senfkörner und frische Korianderblätter (aus Koriandersamen selbst gezogen) geben dieser einfachen Suppe ein delikates exotisches Aroma. Sie können durch bekanntere Gewürze, wie Basilikum, Knoblauch, Paprika und Petersilie, ersetzt werden.

100 g grüne oder braune Linsen
600 ml Wasser
4 Curryblätter
½ TL Kreuzkümmelpulver
½ TL Korianderpulver
500 g Tomaten
25 g Butter
1 Zwiebel, fein geschnitten
1 Pfefferschote (Peperoncini),
fein geschnitten
½ TL schwarze Senfkörner
1 EL frische Korianderblätter,
fein gehackt
½ TL Meersalz
1 TL Gemüseextrakt

Die Linsen waschen und mit dem Wasser, Curryblättern, Kreuzkümmel und Koriander in einen dickwandigen Topf geben. Aufkochen und zugedeckt 30 Minuten köcheln lassen. Inzwischen die Tomaten schälen und in schöne Würfel schneiden. In einem Bratpfännchen die Butter erhitzen und Zwiebel, Pfefferschote und Senfkörner hineingeben und goldbraun braten. Korianderblätter zugeben und vom Feuer nehmen. Wenn die Linsen gekocht sind, alle Zutaten dazugeben, einmal umrühren und nochmals aufkochen. Vom Feuer nehmen und zugedeckt 5 Minuten ziehen lassen.

Hunger ist der beste Koch . . .

und der schlechteste Händler. Wie sonst wäre es möglich gewesen, dass Esau, der älteste Sohn Isaaks, sein Erstgeburtsrecht seinem jüngeren Bruder für ein Linsengericht verkauft hätte? Erschöpft und ausgehungert kam Esau einst vom Felde zurück, als Jakob gerade einen verführerisch duftenden Linsenbrei gekocht hatte. «Gib mir doch etwas zu essen von dem Roten da, ich bin ganz erschöpft.» «Dann verkauf mir jetzt sofort dein Erstgeburtsrecht», gab Jakob zur Antwort. «Schau, ich sterbe vor Hunger, was soll mir da das Erstgeburtsrecht», sagte Esau und verkaufte es seinem Bruder für ein Linsengericht. (Gen. 25, 29–34)

Gerste, Linsen und Wasser in einen Topf geben und mindestens 1 Stunde einweichen. Lorbeer und Gewürznelken in einem Tee-Ei beifügen. Alles zum Kochen bringen und 30 Minuten köcheln lassen. Inzwischen die Gemüse rüsten und in einem grossen Topf in wenig Fett anbraten, bis sie zusammenfallen. Die Gersten-Linsenmischung (mit evtl. vorhandener Flüssigkeit) beifügen und alles weitere 20 Minuten, oder bis das Gemüse gar ist, zugedeckt kochen. Mit Pfeffer, Salz und Weisswein würzen und nochmals etwa 10 Minuten zugedeckt ziehen lassen. Vor dem Servieren den geriebenen Käse unter den Eintopf heben. Ergibt zusammen mit Salat oder einem Frische-Früchte-Dessert eine vollständige Mahlzeit.

Gersten- und Linseneintopf

Ein Rezept aus einem alten Schweizer Kochbuch.

150 g Vollgerste
150 g grüne oder braune Linsen
¾ l Wasser
2 Gewürznelken
1 Lorbeerblatt
1 Zwiebel, fein gehackt
400 bis 600 g Saisongemüse,
klein geschnitten
Pfeffer aus der Mühle
Meersalz
Weisswein nach Geschmack
100 g geriebener Käse
(Greyerzer, Emmentaler)

Gersten-Bier-Omeletten

150 g feines Gerstenmehl, frisch
gemahlen
50 g feines Weizenmehl, frisch
gemahlen
1 TL Meersalz
2 Eigelb
400 ml Bier
2 Eiweiss

Die Mehle und Salz mischen. Die Eigelb im Bier verrühren und zum Mehl geben. Die Eiweiss in einer grossen Schüssel steif schlagen und den Bierteig dazugeben. Nur solange rühren, bis alles gut vermischt ist. Sofort zu Omeletten backen und auf einen heissen Teller stapeln.

Tip: Wer den leichten Biergeschmack in diesen Omeletten nicht mag, kann das Bier durch Mineralwasser ersetzen.

Der Turm von Babel

1 Rezeptmenge
Gersten-Bier-Omeletten

100 g grüne Linsen
300 ml Wasser
wenig Koriander
Pfeffer aus der Mühle
Kräutersalz
100 ml Rahm
1 EL Olivenöl
1 Zwiebel, fein gehackt
2 Knoblauchzehen, fein gehackt
300 g Spinat, gehackt
1 Bund Dill, fein gehackt
½ Bund glatte Petersilie, fein
gehackt
180 g Feta-, Schaf- oder
Ziegenkäse, in kleinen Würfeln
1 bis 3 Tomaten, in Scheiben

Die Linsen im Wasser 30 Minuten weich kochen.
Koriander, Pfeffer, Kräutersalz und Rahm
einrühren und nochmals aufkochen. In einer
grossen Pfanne Zwiebel und Knoblauch im
Olivenöl glasig braten. Spinat beifügen und
dämpfen, bis er zusammenfällt. Dill und Petersilie beifügen. Mit den Linsen vermischen.
Zuletzt die Kräuterwürfel unterheben und die
Füllung abschmecken. Die erste Omelette auf
ein Backblech legen. Abwechslungsweise
Linsenfüllung, Tomatenscheiben und Omeletten
aufschichten, so dass ein Turm entsteht. Bei 220
Grad 15 Minuten überbacken. Zum Servieren
den Turm auf ein Brett oder eine flache Platte
stellen und wie von einer Torte Stücke
abschneiden.

Aschenbrödels Arbeit

Die Linsenpflanze wächst in
kräftigen, einjährigen Bü-
schen, die jedoch kaum
30 cm hoch werden. Deshalb
gelangen leicht Fremdkörper
und Steinchen in die Ernte.
In früheren Zeiten ver-
brachte nicht nur das
Aschenbrödel viele Stunden
mit Linsenlesen. Diese
Arbeit wird heute von Ma-
schinen gemacht. Doch bei
den kleinen Sorten kann sich
immer mal wieder ein Steinchen einschleichen. Deshalb
lohnt es sich, die Linsen vor
dem Kochen unter die Lupe
zu nehmen, es sei denn, man
mache daraus eine Suppe
oder einen saftigen Eintopf.
Dann genügt es, mögliche
harte Brocken auf den Pfan-
nenboden sinken zu lassen
und sie beim Anrichten mit
einem Rest von Flüssigkeit
wegzuschütten.

Rishta (Libanesisches Linsen-Nudel-Gericht)

200 g rote Linsen
¾ l Wasser
2 EL Olivenöl
2 Zwiebeln, fein gehackt
2 Knoblauchzehen, fein gehackt
1 TL Korianderpulver
½ TL Kreuzkümmelpulver
250 g breite Vollkornnudeln
Pfeffer
1 TL Meersalz
2 EL Sojasauce
8 Oliven, nach Belieben
Reibkäse, nach Belieben

In einem grossen Topf die Linsen im Wasser 15 Minuten weich kochen. Inzwischen Zwiebeln, Knoblauch, Koriander und Kreuzkümmel im Olivenöl anbraten. Die Nudeln «al dente» kochen, das Kochwasser abseihen und die Nudeln abschrecken. Die gekochten Linsen mit Pfeffer, Salz und Sojasauce würzen und die gebratenen Zwiebeln beifügen. Zusammen einige Minuten köcheln lassen. Die Nudeln und evtl. Oliven sorgfältig unter die Linsen mischen. Wenn gewünscht, mit Reibkäse servieren. Sehr gut passt Meerrettichschaum, Seite 78, oder Gorgonzolasauce, Seite 78, zu diesem Gericht. In diesem Fall Oliven und Reibkäse weglassen.

Baumnuss-Linsen-Pastete

8 Portionen

200 g braune oder grüne Linsen
600 ml Wasser
200 g Baumnüsse, fein gemahlen
150 g Stangensellerie, in sehr feine Streifen geschnitten
2 Zwiebeln, fein gehackt
2 Knoblauchzehen, ausgepresst
400 g Tomaten, in grobe Würfel geschnitten
100 g Butter
3 Eier, verquirlt
1 TL Oregano
Meersalz
Pfeffer aus der Mühle

Die Linsen im Wasser 30 Minuten weich kochen. Mit den Nüssen, Sellerie, Zwiebeln und Knoblauch vermischen. Die Tomaten zu einem Mus verkochen und durch ein Sieb streichen. Es sollte 200 ml Püree ergeben; wenn Sie mehr haben, einkochen lassen, wenn Sie weniger haben, Wasser zufügen. Die Butter im Tomatenpüree schmelzen und etwas abkühlen lassen. Tomaten, Eier, Oregano, Salz und Pfeffer zu den Linsen geben und alles gut mischen. In eine eingefettete Pasteten- oder Kastenform pressen und bei 180 Grad 1 Stunde backen. Ganz abkühlen lassen und erst dann aus der Form nehmen. Als Vorspeise oder als Hauptgericht servieren. Dazu passt Chilisauce, Seite 77.

Tip: Im Winter können anstelle von Stangensellerie 150 g Knollensellerie, auf der Bircherraffel gerieben, und anstelle von frischen Tomaten 200 ml eingemachtes Tomatenpüree verwendet werden.

Linsen- und Kastanienbraten

12 Portionen als Vorspeise,
6 Portionen als Hauptgericht

200 g Edelkastanien (Marroni)
200 g braune Linsen
600 ml Wasser
2 EL Olivenöl
2 Knoblauchzehen, in
hauchdünne Blättchen
geschnitten
10 bis 15 Salbeiblätter, grob
gehackt
8 schwarze Oliven, gehackt,
oder 1 EL Olivenpaste
50 g Vollkornpaniermehl
3 EL Rotwein
2 EL schwarze Rosinen
½ TL Meersalz
Pfeffer aus der Mühle
Sojasauce oder Hefewürze nach
Geschmack
2 Eier
100 ml Rahm

Die Kastanien waschen, schlitzen und noch heiss
in einer schweren Bratpfanne mit gutschlies-
sendem Deckel 30 Minuten unter gelegent-
lichem Schütteln braten, bis sie schwarze
Flecken bekommen. Die Pfanne vom Feuer
nehmen und zugedeckt etwa 15 Minuten nachdämpfen lassen. Inzwischen die Linsen im
Wasser 30 Minuten weich kochen. In einem
kleinen Pfännchen das Olivenöl erwärmen,
Knoblauch und Salbei kurz darin anbraten und
zu den Linsen geben. Die Kastanien schälen und
mit allen übrigen Zutaten in eine grosse Schüssel
geben. Gut mischen. In eine eingefettete
Pasteten- oder Cakeform füllen. Bei 180 Grad 50
bis 60 Minuten backen. In Tranchen geschnitten
warm oder kalt mit Gorgonzola-Sauce, Seite 78,
servieren.

Variante: Anstelle von Marroni können Dörr-
kastanien verwendet werden. 100 g Dörrkasta-
nien in 300 ml Wasser über Nacht einweichen,
dann im Einweichwasser zugedeckt weich
kochen, bis alles Wasser verkocht ist, und wie die
gebratenen Marroni verwenden.

Emmentaler Linsentätschli

100 g grüne oder braune Linsen
300 ml Wasser
400 g Kartoffeln
1 bis 2 Lauchstengel
wenig Butter
Kräutersalz
Majoran, Thymian, Dill,
Petersilie, frisch und fein gehackt
oder getrocknet
viel Muskat
Pfeffer aus der Mühle
1 TL Meersalz
2 Eier
100 g Emmentaler, auf der
Röstiraffel gerieben
Sojasauce oder Hefewürze zum
Abschmecken

Die Linsen im Wasser zum Kochen bringen und zugedeckt leicht köcheln lassen. Die Kartoffeln schälen und in Würfel schneiden. Zu den kochenden Linsen geben und zusammen ganz weich kochen. Wenn nötig wenig Wasser zugeben. Linsen und Kartoffeln in eine grosse Schüssel geben, mit einer Holzkelle zerdrücken und etwas erkalten lassen. Den Lauch in feine Streifen schneiden und in wenig Butter andämpfen, bis er zusammenfällt. Mit Kräutersalz würzen und vom Feuer nehmen. Alle Zutaten zu den Linsen geben und gut mischen. In einer Bratpfanne wenig Butter oder Öl erwärmen. Mit einem Esslöffel Häufchen von der Masse stechen und ins Öl abstreifen. Mit einer feuchten Gabel flachdrücken und beidseitig goldbraun braten. Ergibt zusammen mit einem Saisonsalat und/oder Gemüse und etwas Vollkornbrot eine einfache, aber schmackhafte Mahlzeit.

Kleine Hülsen
mit grosser Zukunft

Mit 12 000 Mitgliedern ist die Familie der Leguminosen (Hülsenfrüchte) eine der grössten im Pflanzenreich. Sie wird eingeteilt in «Bohnenartige», mit grobgeteilten grossen Blättern, in «Wickenartige», mit feingefiedertem Kraut und in «Kleeartige», mit drei- und mit etwas Glück sogar vierblättrigem Grün. Die bläulich blühenden Linsen gehören, wie die Erbsen, zu den Wickenartigen.

Mit ihren bescheidenen Ansprüchen an Boden und Pflege, ihrer Bedeutung für eine gesunde Ernährung und ihren kulinarischen Talenten wären Linsen ein zukunftsträchtiges Nahrungsmittel. Wieso werden sie denn bei uns nicht mehr angebaut? Linsen haben kurze Hülsen, die nur 1 bis 3 kleine, flache Samen enthalten. Deshalb sind die Erträge klein. Nur ½ bis höchstens 2 Tonnen holt der Bauer aus einer Hektare heraus, was verglichen mit 4 Hektartonnen Weizen als völlig unrentabel erscheint. Ich sage ausdrücklich «erscheint». Linsen erzeugen nämlich pro Hektar Kulturland fast 10mal mehr essbares Eiweiss als das gleiche Stück Land, auf dem Futter für Masttiere angebaut wird.

Nicht zu verachten: Erbsen

Vergessen Sie die Erbsen mit Karotten aus der Büchse, die einst in einer gnädigen Stunde den Namen «Gemüse» erhalten haben. Vergessen Sie die Erbs-mit-Sago-Suppe Ihrer Kindheit. Sie kam wahrscheinlich aus dem Beutel. Und vergessen Sie für den Moment auch die beliebten zuckersüssen, grünen Kügelchen. Hier ist die Rede von Trockenerbsen. Von grünen, gelben und sogar weissen, von ganzen und gespaltenen Erbsen und natürlich von Kichererbsen. Über diese schreibt der Schriftsteller und Heimwehgrieche Georges Haldas: «Ich hatte an diesem Tag und in dieser überaus glücklichen Minute das Gefühl, dass ich mit den Kichererbsen, ihrem Aroma von Zitrone und Olivenöl, mit ihrer herzerwärmenden Konsistenz die ganze Schönheit der Insel Kreta in mich aufnahm.» Wer würde hierzulande je so von Erbsen schwärmen?

Deshalb habe ich für meine Erbsenrezepte vorerst einmal tief in fremdländische Kochtöpfe geschaut und einige vielversprechende Leckerbissen entdeckt. Das Homos und die Falafel aus Kichererbsen zum Beispiel, die bei uns ja längst keine Unbekannten mehr sind. Auch die Sabzi Kabab, die Favoriten der indischen Vegetarier, könnten bei uns zum Renner werden. Als dann, zurück am heimischen Herd, Kreationen wie die Öko-Kroketten und das Risotto mit Erbsen entstanden, war ich überzeugt, dass wir Erbsen zu lange zu Unrecht verachtet haben.

Galizische Kichererbsensuppe

200 g Kichererbsen
1 Zwiebel
100 g Sellerieknolle
1 Karotte
1 Kartoffel
1 EL Butter
1 TL Meersalz
1 Pr. Safran
1 EL Zitronensaft
200 g Rosenkohl
2 Pelati, klein geschnitten
½ TL Senfkörner
½ TL Kreuzkümmel
1 TL Basilikum
100 ml Rahm
Sojasauce zum Abschmecken

Die Kichererbsen über Nacht einweichen. Am nächsten Tag das Einweichwasser abgiessen und durch so viel frisches Wasser ersetzen, dass die Erbsen gut bedeckt sind. 1 Stunde weich kochen. Zwiebel, Sellerie, Karotte und Kartoffel in kleine Würfel schneiden und in einem grossen schweren Topf in der Butter glasig braten. Etwa 1 Tasse der weichgekochten Erbsen herausnehmen und mit einer Gabel oder mit dem Stabmixer pürieren und zum Gemüse geben. Die übrigen Erbsen ebenfalls beifügen sowie Salz, Safran, Zitronensaft, Rosenkohl, Pelati und Wasser nach Bedarf. Aufkochen und zugedeckt köcheln lassen. Senf, Kreuzkümmel und Basilikum im Mörser zerstampfen und zur Suppe geben. Wenn der Rosenkohl den gewünschten Garpunkt erreicht hat, den Rahm einrühren. Mit Sojasauce abschmecken. Vor dem Auftragen etwa 10 Minuten ziehen lassen.

Sommervariante: Es lohnt sich, diese herrliche Suppe auch im Sommer auf den Tisch zu bringen. Wir verwenden dann Stangensellerie statt Knollen, Kefen oder Frischerbsen statt Rosenkohl und natürlich frische Tomaten und Basilikum.

Homos (Kichererbsenpaste)

8 Portionen

Eine Spezialität aus dem Vorderen Orient. Es lohnt sich, gleich eine grosse Menge davon zuzubereiten. Homos ist im Kühlschrank mehrere Tage haltbar und lässt sich auch gut tiefkühlen. Am besten schmeckt er aber ganz frisch zubereitet.

400 g Kichererbsen
Wasser
3 Zitronen, Saft
6 EL weisses Tahin (Sesampaste)
1 EL Olivenöl
1 Pr. Kräutersalz
3 bis 6 Knoblauchzehen, je nach Geschmack, ausgepresst
2 Pr. Curry

Die Kichererbsen über Nacht einweichen. Am nächsten Tag das Einweichwasser abgiessen und durch so viel frisches Wasser ersetzen, dass die Erbsen damit bedeckt sind. Etwa 1 Stunde sehr weich kochen. Mit dem Sud durchs Passevite (Passiergerät) drehen. Die übrigen Zutaten zugeben und zu einer Paste verrühren. Mit schwarzen Oliven, Tomatenscheiben und Kräutern garniert servieren als Aufstrich oder «Dip», z. B. zu rohen Gemüsestückchen, Kräcker oder Brot, oder als Eiweiss-Beilage auf dem Salatteller.

Nichts zu Lachen

Einer ungenauen Eindeutschung des lateinischen «cicer» oder des französischen «chiche» verdankt die Kichererbse ihren lustigen Namen. Mit Lachen hat sie nichts zu tun, wohl aber mit Sprechen. Cicero, der römische Starredner, trägt nämlich ihren Namen.

Kichererbsen haben im Mittelmeerraum eine lange Tradition, doch heute sind die eifrigsten Kichererbsenesser die Inder. Gekocht, geröstet, gebraten, gekeimt und gemahlen, in allen erdenklichen Gerichten und zu jeder Tages- und Mahlzeit erfüllen sie ihre wichtige Funktion als Eiweisslieferanten.

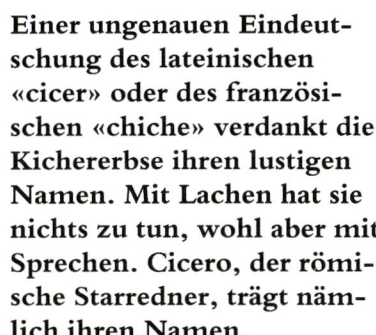

Russischer Salat auf neue Art

Aus Büchsengemüse zubereitet gehörte der Russische Salat zum Standard-Sonntags-Abendessen meiner Kindheit. Er triefte von hausgemachter Mayonnaise und war deshalb eine meiner Leibspeisen. Später verschmähte ich ihn als langweilig und ungesund. Jetzt ist er in neuer Rezeptur auferstanden.

> 100 g Grünerbsen
> 1 Zweiglein Bohnenkraut
> 200 g Karotten
> 250 g Gartenbohnen
> 200 g Kartoffeln
> Sauce:
> 1 TL Senf
> 3 EL Mayonnaise
> 150 ml Joghurt
> 2 EL Zitronensaft
> Kräutersalz
> viel Pfeffer aus der Mühle
> 1 Bund Schnittlauch oder
> 1 Schalotte, fein gehackt
> ½ Bund frischer Dill, fein gehackt
> Dazu servieren, wenn
> gewünscht:
> 4 schöne Salatblätter
> 4 frische Eier

Die Erbsen über Nacht einweichen. Am nächsten Tag das Einweichwasser abgiessen und durch so viel frisches Wasser ersetzen, dass sie gut bedeckt sind. Bohnenkraut beifügen. Zugedeckt 1 Stunde weich kochen. Inzwischen Karotten, Gartenbohnen und Kartoffeln in ½ cm grosse Würfel schneiden und im Dampfeinsatz 10 bis 20 Minutel «al dente» kochen. Die Zutaten für die Sauce in eine grosse Schüssel geben und mit dem Schneebesen verrühren. Die weichgekochten Erbsen absieben, kalt abspülen und gut abtropfen lassen. Die gedämpften Gemüse kurz abkühlen lassen. Alles unter die Sauce ziehen. Erkalten lassen. Auf 4 Tellern die Salatblätter ausbreiten und den Russischen Salat daraufgeben.

Wenn gewünscht mit verlorenen Eiern servieren: In einem weiten Topf 1 bis 2 Liter Essigwasser zum Kochen bringen. Die Eier eins nach dem andern in eine Tasse aufschlagen und sorgfältig in das leicht siedende Wasser gleiten lassen. Auf kleinem Feuer 3 bis 4 Minuten leicht kochen lassen. Mit einem Schaumlöffel aus dem Wasser nehmen und auf den Salat anrichten. Sofort auftragen. Ergibt zusammen mit einem guten Vollkornbrot ein Standard-Sonntags-Abendessen.

Delikater Kichererbsensalat

Wie so viele Hülsenfruchtgerichte schmeckt dieser Salat am nächsten Tag noch besser. Deshalb ist dieses Rezept gleich für 8 Portionen berechnet.

> 400 g Kichererbsen
> 1 Lorbeerblatt
> 1 Zimtstengel
> Sauce:
> 1 Zitrone, wenig abgeriebene
> Schale und Saft
> 2 EL Essig
> 1 TL Senf
> je 1 Pr. Cayennepfeffer und
> Koriander
> 1 Knoblauchzehe, durchgepresst
> 2 EL Maiskeim-, Sonnenblumen-
> oder Distelöl
> 2 EL Baumnussöl
> 4 EL Rahm
> Kräutersalz, Sojasauce,
> frischgemahlener Pfeffer

50 g ungeschwefelte
Dörraprikosen
250 g Fenchel
250 g Zucchini (Zucchetti)
½ TL Meersalz

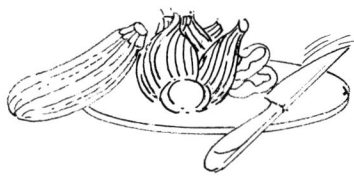

Die Kichererbsen über Nacht einweichen. Am
nächsten Tag das Einweichwasser abgiessen und
durch so viel frisches Wasser ersetzen, dass die
Erbsen gut damit bedeckt sind. Lorbeer und Zimt
beifügen und 45 bis 60 Minuten weich kochen.
Die Zutaten für die Sauce in eine Schüssel geben
und mit dem Schneebesen sämig rühren. Wenn
die Kichererbsen gar sind, das Kochwasser
abgiessen und die Erbsen kurz abschrecken.
Zu der Sauce geben und mischen. Die Dörraprikosen feinschneiden und ebenfalls unterheben.
Die Fenchel fein hobeln, die Zucchini in kleine
Würfel schneiden, in eine Schüssel geben und
mit dem Meersalz vermischen. Ziehen lassen,
während man den Salat ganz erkalten lässt. Kurz
vor dem Auftragen das Gemüse unter den Salat
mischen.

Varianten: Anstelle von Fenchel und Zucchini
können andere Saisongemüse verwendet
werden.

Versuchserbsen

**Was Köche und Geniesser
noch von der Last der Vorur-
teile befreien müssen, erhält
von Forschern und Pflanzen-
züchtern seit langem grosse
Aufmerksamkeit. Wie die
Linsen kommen auch die
Erbsen aus dem Vorderen
Orient und werden dort seit
mindestens 9000 Jahren
angebaut. Seit dem 16. Jahrhundert unterscheidet man
zwischen der Gartenerbse
mit weissen Blüten und
grossen Samen und der
Ackererbse mit farbigen
Blüten an langen Ranken.**

**Mit Erbsen wurden die
ersten planmässigen Pflan-
zenkreuzungen gemacht.
Berühmt geworden sind die
13 000 Bastarderbsen, die der
Augustinerpater Gregor
Mendel in seinem Kloster-
garten in Brünn (Österreich)
aus einer einzigen Pflan-
zenart gezüchtet hatte.
Erbsen, und später auch
Bohnen, waren seine pflanz-
lichen Versuchskaninchen.
Aus diesen «Versuchen über
Pflanzenhybriden» (1865)
leitete er die nach ihm be-
nannten Gesetzmässigkeiten
(Mendel-Regeln) ab, die
eine der Grundlagen der
modernen Genetik bilden.**

Kefensalat mit Ei

Kurz, aber herrlich ist die Zeit der frischen Erbsen, Kracherbsen und Kefen. Dieser Salat kann mit allen drei Gartengemüsen zubereitet werden.

1 EL Zitronensaft
1 EL Weissweinessig
¼ TL Honig
2 EL Olivenöl
½ Knoblauchzehe, durchgepresst
2 EL frischer Basilikum, fein gehackt
Kräutersalz
Pfeffer aus der Mühle
1 Schalotte oder Frühlingszwiebel, fein geschnitten
500 g Kefen
2 Eier

Alle Zutaten für die Sauce in eine Schüssel geben und mit dem Schwingbesen verrühren. Schalotte zugeben. Die Kefen waschen, abfädeln und im Siebeinsatz 5 Minuten dämpfen. Herausnehmen und auf 4 Teller verteilen. Die Vinaigrette darübergeben. Die Eier 5 Minuten halbweich kochen. Kalt abspülen, schälen und vorsichtig halbieren. Auf jeden Teller 1 Eihälfte legen und sofort servieren.

Couscous mit Kichererbsen und Gemüse

Bild Seite 26

Eine Mahlzeit, die schnell zubereitet ist, ein Minimum an Kalorien hat und so gut und ungewöhnlich schmeckt, dass Sie sie auch Gästen vorsetzen können. Servieren Sie dazu noch Oliven, Schaf- oder Ziegenkäse und starken Pfefferminztee im Glas mit frischen Minzenblättern, Zitronenschnitzen und ein wenig Honig.

200 g Kichererbsen
2 Lorbeerblätter
1 Pr. Safran
½ TL gelbe Senfkörner
½ TL Kreuzkümmel
1 kg verschiedene Gemüse der Jahreszeit
2 Knoblauchzehen, durchgepresst
2 Salbeiblätter
1 Pr. Cayennepfeffer
½ TL Korianderpulver
1 Pr. Meersalz
1 bis 2 EL Sojasauce
Couscous:
¼ l Gemüsebrühe oder Bouillon
200 g Vollkorncouscous
1 EL Olivenöl, nach Belieben

Die Kichererbsen über Nacht einweichen. Am nächsten Tag das Einweichwasser abgiessen und die Erbsen spülen. In einen grossen Topf geben und so viel frisches Wasser dazugeben, dass sie gut damit bedeckt sind. Lorbeer, Safran, Senf und Kreuzkümmel beifügen. 1 Stunde weich kochen. Inzwischen die Gemüse waschen und in grosse Stücke schneiden. Knoblauch, Salbei, Cayenne, Koriander und Meersalz zu den weich-gekochten Kichererbsen geben. Die Gemüse darauflegen und den Topf wieder gut schliessen. Nochmals 15 bis 30 Minuten kochen, je nach Gemüseart. Mit Sojasauce abschmecken.

Für den Couscous die Brühe zum Kochen bringen. Den Topf vom Feuer nehmen und den Couscous im Strahl einrühren. Zugedeckt 15 Minuten quellen lassen. Lockern, das Olivenöl untermischen und den Couscous auf 4 grosse Teller verteilen. Mit einem gelochten Löffel die Gemüse aus dem Topf nehmen und um den Couscous legen. Die Kichererbsen darüber verteilen. Den zurückbleibenden Sud in einer Sauciere servieren.

Hüpfende Erbsen

Die Spanier sind grosse Kichererbsenliebhaber. Eine perfekt gekochte Kichererbse, sagen sie, springt zurück wie ein Pingpong-Ball, wenn man sie auf die Tischplatte fallen lässt. Das Bild von der hüpfenden Erbse hat scheinbar schon Homer fasziniert. Der Pfeil, der Menelaos treffen soll, prallt ab von seinem Schild «wie von der breiten Schaufel herab auf geräumiger Tenne hüpfet der Bohnen Frucht, der gesprenkelten, oder der Erbse», schreibt er in der «Ilias».

Marokkanischer Kohlrabi-Eintopf

200 g Kichererbsen
¼ TL Safranfäden
2 EL Olivenöl
4 Knoblauchzehen, feingeschnitten
4 Kohlrabi, in Scheiben geschnitten
1 TL Thymian
frischgemahlener Pfeffer
Gemüseextrakt
1 Zitrone, in Schnitzen

Die Kichererbsen über Nacht in viel kaltem Wasser einweichen. Am nächsten Tag das Einweichwasser abgiessen und durch so viel frisches Wasser ersetzen, dass die Erbsen damit bedeckt sind. Die Safranfäden zugeben und alles 1 Stunde weich kochen. In einem grossen Topf den Knoblauch im Olivenöl dünsten. Die Kohlrabi beifügen und kurz mitbraten. Die gekochten Kichererbsen mit dem Sud beifügen und würzen. Zugedeckt kochen, bis die Kohlrabi gar sind. Mit den Zitronenschnitzen auftragen und am Tisch das Gericht mit dem Saft beträufeln. Mit einem Getreidegericht (z. B. Couscous, Seite 33) und Salat servieren.

Tip: Die Safranfäden geben mehr Farbe und Geschmack ab, wenn sie in wenig Olivenöl eingeweicht werden.

Kartoffel- und Kichererbsenragout

150 g Kichererbsen
75 g gedörrte Tomaten, ½ Stunde eingeweicht
3 EL Olivenöl oder Butter
3 Zwiebeln, in dicke Halbmonde geschnitten
1 kg Kartoffeln, in dicke Scheiben geschnitten
2 Knoblauchzehen, durchgepresst
2 EL Tomatenpüree
1 TL Rosenpaprika
1 TL Paprika, edelsüss
1 Zweiglein Thymian
1 EL Basilikum
1 TL Meersalz
1 EL Sojasauce
100 bis 200 ml Rotwein

Die Kichererbsen über Nacht einweichen. Am nächsten Tag das Einweichwasser abgiessen und die Erbsen spülen. In einen grossen Topf geben und so viel frisches Wasser dazugeben, dass sie gut damit bedeckt sind. Zugedeckt 1 Stunde weich kochen. In einen grossen dickwandigen Topf 2 EL Olivenöl oder Butter geben und erwärmen. Die Zwiebeln darin glasig braten. Die Kartoffelscheiben zugeben und kurz mitbraten. Die Tomaten mit dem Einweichwasser beifügen. Die gekochten Kichererbsen absieben und den Sud beiseite stellen. Kichererbsen und alle übrigen Zutaten ausser dem Rotwein zu den Kartoffeln geben. Alles zum Kochen bringen und zugedeckt ½ bis 1 Stunde schmoren lassen. Oft umrühren und mehrmals Rotwein und wenn nötig Sud von den Kichererbsen dazugiessen. Mit Sojasauce und 1 EL Olivenöl oder Butter abschmecken. Servieren Sie dieses rote Ragout mit Joghurt, Sauerrahm oder Meerrettich-schaum, Seite 78, und einem leuchtend grünen Salat.

Variante für die Tomatenzeit: Anstelle von Dörrtomaten 600 g grobgeschnittene, frische Tomaten und ½ Sträusschen frischen, feinge-hackten Basilikum verwenden.

Azurische Kohlwickel

200 g Kichererbsen
1 Lorbeerblatt
2 EL Olivenöl
4 Knoblauchzehen, fein gehackt
1 TL Kreuzkümmel, zerstossen
einige Salbeiblätter, fein gehackt
1 EL Tomatenpüree
Kräutersalz
200 g Vollmilchquark oder
Ricotta-Käse
12 schöne Wirsingblätter
Sojasauce oder Gemüseextrakt
2 TL Zitronensaft
50 bis 100 g geriebener
Parmesan

Die Kichererbsen über Nacht in viel kaltem Wasser einweichen. Am nächsten Tag das Wasser abgiessen und durch so viel frisches Wasser ersetzen, dass die Erbsen gut bedeckt sind. Lorbeerblatt beifügen und 1 Stunde weich kochen. Das Kochwasser absieben und beiseite stellen. Für die Füllung in einem Topf das Olivenöl erwärmen. Den Knoblauch, Kreuz-kümmel und Salbei kurz darin wenden, dann die Kichererbsen, Tomatenpüree und Kräutersalz einrühren. Vom Feuer nehmen und den Quark dazumischen. Die Wirsingblätter von dicken Rippen befreien und in Salzwasser 5 bis 10 Minuten weich kochen. Herausnehmen, abschrecken und nebeneinander ausbreiten. Die Füllung darauf verteilen und einwickeln. Die Wickel in eine eingefettete Gratinform legen. Das zurückbehaltene Bohnenwasser mit Sojasauce oder Gemüseextrakt und Zitronensaft würzen und aufkochen. Über die Kohlwickel giessen. Mit Parmesan bestreuen und 15 bis 20 Minuten überbacken.

Gelberbs-Curry

200 g Gelberbsen, geschält
4 Curryblätter
1 Lorbeerblatt
4 Kardamomschoten
1 EL Butter
1 Zwiebel, fein gehackt
400 g Blumenkohl, in kleine
Röschen geteilt
1 Pr. Kräutersalz
1 EL Curry
150 ml Joghurt

Die Erbsen mit ½ Liter Wasser in den Dampf-kochtopf geben. Curryblätter, Lorbeer und Kardamom in einem Tee-Ei beifügen und alles unter Druck 20 Minuten weich kochen. Inzwischen die Zwiebeln in der Butter glasig braten. Blumenkohl zugeben und kurz mitbraten. Mit dem Kräutersalz würzen und zugedeckt schmoren lassen, bis der Blumenkohl gar ist. Die weichgekochten Erbsen mit dem Schneebesen kräftig verrühren, so dass sie ganz zerfallen. Curry, Meersalz und Joghurt dazurühren. Zum Blumenkohl geben und sorgfältig mischen. 5 Minuten zugedeckt warmhalten, aber nicht mehr kochen. Gelberbs-Curry mit Scheiben von frischen Saisonfrüchten und/oder Rosinen-Chutney, Seite 81, zu Kartoffeln oder Getreide servieren. Es eignet sich auch als eine ganz spezielle Pastetchenfüllung.

Variante: Anstelle von Blumenkohl 400 g Rosenkohl oder andere Saisongemüse verwenden.

Sabzi Kebab (vegetarische Frikadellen)

Diese vegetarischen Plätzchen schmecken am besten frisch aus der Pfanne. Die Erbsenmasse kann im voraus zubereitet und nach Bedarf gebraten werden.

200 g Grünerbs
1 Lorbeerblatt
1 Zimtstange
1 grosse Zwiebel
100 g frische Champignons
1 Knoblauchzehe
1 Pfefferschote (Peperoncini)
oder 1 TL Chilipulver
1 EL Ingwerwurzel oder 1 TL
Ingwerpulver

½ TL Kreuzkümmelpulver
½ TL Kardamompulver
Pfeffer aus der Mühle
½ TL Meersalz
1 TL Gemüseextrakt
1 EL Zitronensaft
etwa 6 EL Vollkornpaniermehl
Butter oder Öl zum Braten

Die Erbsen über Nacht einweichen. Am nächsten
Tag spülen und mit so viel frischem Wasser in
einen Topf geben, dass sie gut bedeckt sind.
Lorbeer und Zimt beifügen und zugedeckt
1 Stunde weich kochen. Inzwischen Zwiebel und
Champignons in feine Würfel schneiden. Knoblauch und Pfefferschote fein hacken. Den Ingwer
schälen und auf der Zitronenraffel reiben. Alles
in wenig Butter andünsten. Wenn die Erbsen
weich gekocht sind, Zimt und Lorbeer herausnehmen und die Erbsen in eine grosse Schüssel
geben. Eventuell einen Teil des Kochwassers
abgiessen. Kreuzkümmel, Kardamom, Pfeffer,
Meersalz, Gemüseextrakt und Zitronensaft
beifügen und alles mit dem Schneebesen kräftig
verrühren. Paniermehl und Zwiebelmischung
zugeben und alles gut mischen. Mindestens
30 Minuten erkalten lassen. Butter oder Öl in
einer grossen Bratpfanne erwärmen. Mit dem
Esslöffel von der Masse Häufchen hineinsetzen
und mit einer feuchten Gabel flachdrücken.
Beidseitig goldbraun braten. Sofort servieren.
Dazu passt Joghurt oder Raita, Seite 80, Salat
oder Gemüse und Vollkornbrot oder ein Hirse-
oder Reisgericht.

Winzige Pflänzchen

Wer noch mit Schiefertafel
und Kreidestift das Abc ge-
übt hat, erinnert sich vielleicht an die Bohnen in der
Schwammbüchse, die in we-
nigen Tagen in langen
Ranken den Schwamm
durchwucherten. Hülsen-
früchte, wie alle Kerne und
Samen, lassen sich gut
keimen. Am besten eignen
sich die kleinsamigen, die
grünen und braunen Linsen,
die Mung- und die Azuki-
Bohnen. Die Sprossen
kommen dann in kleinen
Mengen roh auf den Salat-
teller, oder man kocht sie
zusammen mit andern
Gemüsen zu einem Gemüse-
gericht. Gekeimte Kicher-
erbsen werden zu Falafel verarbeitet.

1 Esslöffel bis 1 Tasse
Samen waschen und in ein
Einmachglas füllen. Mit Tüll
oder Gaze und einem Gum-
miband verschliessen und
über Nacht einweichen. Am
nächsten Tag das Einweichwasser durch das Tuch wegschütten, die Bohnen spülen
und abtropfen lassen. In
einer dunklen Ecke 2 bis 4
Tage keimen lassen. Etwa
alle 12 Stunden spülen. Zur
Bildung von grünen Keim-
blättern die 2 bis 3 cm langen

Sprossen einige Stunden ans Fenster stellen, dann im Kühlschrank aufbewahren. Hülsenfrüchte können natürlich auch im Keimgerät gezogen werden.

Falafel (Kichererbsenkroketten)

Die koptischen Christen, die als direkte Nachfahren der alten Ägypter gelten, sollen die «Erfinder» dieser uralten ägyptischen Nationalspeise sein. Heute isst man Falafel überall im Vorderen Orient – zum Frühstück und den ganzen Tag. Seit ein paar Jahren sind sie auch bei uns hier und dort aufgetaucht. Wer sich den Namen nicht merken kann, denke einfach an «Falläpfel».

200 g Kichererbsen
1 grosse Zwiebel, fein gehackt
1 Knoblauchzehe, ausgepresst
1 EL Kreuzkümmel, im Mörser gestampft
½ EL Korianderpulver
1 TL Cayennepfeffer
1 Pr. Majoran
Muskat
1½ TL Meersalz
½ TL Backpulver
1 Bund Petersilie, fein gehackt
Maiskeimöl zum Fritieren

Die Kichererbsen während 12 Stunden in viel kaltes Wasser einlegen, dann das Wasser abgiessen und die Kichererbsen während 36 Stunden keimen lassen. Alle 12 Stunden gut spülen. Vor der Zubereitung nochmals gut spülen und durch die feinste Einstellung im Fleischwolf drehen oder im «Cutter» pürieren. Alle übrigen Zutaten ausser dem Öl dazumischen. Die Masse abschmecken und ein zweites Mal pürieren. ½ Stunde ziehen lassen. Baumnussgrosse Kugeln formen und diese nochmals 15 Minuten ruhen lassen. Bei mittlerer Öltemperatur goldbraun fritieren. Falafel können wie Frikadellen mit einer Sauce serviert werden. Am besten aber schmecken sie im Falafel-Sandwich.

Tip: Die Masse kann auch als kleine Plätzchen in der Bratpfanne gebraten statt fritiert werden.

Achtung: Fürs Falafel-Kochen rechtzeitig, das heisst 2 Tage vorher, ans Keimen denken (siehe auch Seite 37).

Falafel-Sandwich

8 Portionen

1 Rezeptmenge Pita-Brote, Seite 39
Scheiben von Tomaten, Gurken, Radieschen, Kohlrabi, Avocados usw.
Zwiebelringe oder Frühlingszwiebeln
Kresse und/oder Salatblätter
schwarze Oliven
1 Rezeptmenge Falafel
Tahin-Sauce, Seite 80, oder
Chili-Sauce, Seite 77, oder
Joghurt

Die Pita-Brottaschen mit Gemüse, Oliven und 2 bis 3 Falafel füllen. Einen Löffel Sauce oder Joghurt daraufgeben und aus der Hand essen.

Pita-Brote (Fladenbrote aus dem Mittleren Osten)

Ergibt 16 Fladen, aufgeschnitten 32 Taschen

1 Würfel Hefe (42 g)
400 ml Wasser
500–600 g Weizenmehl,
frisch gemahlen
1 TL Meersalz

Die Hefe im Wasser auflösen. Etwa die Hälfte des Mehles einrühren und den Teig ein paar Minuten kräftig rühren. An einem warmen Ort ½ bis 1 Stunde aufgehen lassen. Das restliche Mehl und das Salz nach und nach zum Vorteig geben, bis ein weicher, knetbarer Teig entsteht. 5 bis 10 Minuten kneten und nochmals 1 Stunde aufgehen lassen. Eine lange Rolle bilden und in 16 Stücke schneiden. Aus jedem Stück eine Kugel formen und mit Mehl untertassengross auswallen. Eine schwere Bratpfanne (Teflon ist ungeeignet) erhitzen und den ersten Fladen hineinlegen. 1 bis 1½ Minuten backen und dabei mehrere Male mit einer Bratschaufel wenden. Der Teig füllt sich allmählich mit Dampf und wird kugelrund. Auf einer zweiten Platte eine zweite Bratpfanne mit Deckel auf kleinstem Feuer bereithalten. Den Brotballon in diese zweite Pfanne geben und zugedeckt ein paar Minuten nachdämpfen lassen. Inzwischen den zweiten Fladen in der heissen Pfanne backen. In der ersten Pfanne kann immer nur 1 Fladen aufs Mal gebacken werden, in der zweiten können mehrere zusammen nachdämpfen. Die fertigen Pita-Brote auf einem Teller aufeinanderstapeln.

Zum Essen werden die Brote in der Mitte durchgeschnitten. Jetzt hat man zwei Taschen, die wie Sandwiches gefüllt werden können.

Lorbeerblat und dem Wasser zu den Erbsen geben. Aufkochen und zugedeckt 1 Stunde weich kochen. Würzen und mit dem Schneebesen so viel Milch einrühren, bis eine Masse von der Konsistenz von Kartoffelstock entsteht. Mit Kräutersalz abschmecken und als Beilage wie Kartoffelpüree, aber mit weniger oder ohne Fleisch verwenden oder zu Ökokroketten oder Ökoplätzchen verarbeiten.

Ökokroketten

1 Rezeptmenge Ökopüree
Ruchmehl
Maiskeimöl zum Fritieren

Das Ökopüree ganz erkalten lassen. Mit dem Esslöffel Häufchen abstechen und im Mehl wenden und gleichzeitig dicke Kroketten formen. Goldbraun fritieren. Zu Salat oder einem Saisongemüse servieren. Dazu passt auch Chili-Sauce, Seite 77, sehr gut.

Ökopüree

Eiweiss von Getreide und Hülsenfrüchten vereint ergibt ein pflanzliches Eiweiss, das dem tierischen in nichts nachsteht.

100 g Grünerbsen
100 g Goldhirse
100 g Buchweizenkörner
¾ l Wasser
1 Lorbeerblatt
etwas 200 ml Milch
Muskat
frischgemahlener Pfeffer
Thymian
1 TL Meersalz
Kräutersalz

Die Erbsen über Nacht einweichen. Am nächsten Tag das Einweichwasser abschütten, die Erbsen spülen und in einen Topf geben. Hirse und Buchweizen in heissem Wasser waschen, gut abtropfen lassen und zusammen mit dem

Ökoplätzchen

1 Rezeptmenge Ökopüree
Butter oder Öl zum Braten

Das Ökopüree etwas erkalten lassen. Mit einem Eisportionierer Kugeln abstechen und direkt ins warme Fett in der Bratpfanne setzen. Die Kugeln mit einer feuchten Gabel sehr flach drücken und beidseitig goldbraun braten. Dazu passt Gemüse oder Salat und Chili-Sauce, Seite 77.

40

Risotto mit Erbsen

Ein perfektes Rezept für das Ferienlager. Es ist einfach und billig und kann problemlos vervielfacht werden. Die Zutaten sind transport- und lagerfähig. Und schmecken tut es garantiert.

1 EL Butter oder Olivenöl
1 grosse Zwiebel
1 Knoblauchzehe, durchgepresst
100 g frische beliebige Pilze,
grob geschnitten
200 g Vollreis
100 g Grünerbsen, geschält
600 ml Wasser
1 Zweiglein Thymian
1 Lorbeerblatt
2 Salbeiblätter
1 bis 2 TL Gemüseextrakt
etwa 100 ml Weisswein
Pfeffer aus der Mühle
50 bis 100 g geriebener Sbrinz
oder Parmesan

Das Fett in einen grossen Topf geben und die Zwiebel darin glasig braten. Knoblauch und Pilze zugeben und ein paar Minuten mitbraten. Reis, Erbsen, Wasser, Thymian, Lorbeer und Salbei beifügen, mischen und alles zum Kochen bringen. Zugedeckt 30 Minuten köcheln lassen. Oft rühren. Gemüseextrakt, Wein und Pfeffer zugeben. Weiterkochen, bis alle Flüssigkeit aufgebraucht ist (15 bis 20 Minuten). Oft rühren. Abschmecken und mit dem geriebenen Käse servieren.

Tip: Anstelle von frischen können 20 g getrocknete und eingeweichte Pilze verwendet werden.

Pikanter Erbsen-Kartoffelstock

4 bis 6 Portionen

300 g Grünerbsen
1 l Wasser
1 Stengel Zimt
1 Lorbeerblatt
2 ganze Nelken
750 g Kartoffeln
60 g Butter
1½ EL Curry
1 Pr. Cayennepfeffer
3 Knoblauchzehen
2 TL Meersalz
frische Kräuter, fein gehackt

Die Erbsen über Nacht einweichen. Am nächsten Tag das Einweichwasser abschütten, die Erbsen spülen. Mit so viel frischem Wasser in einen Topf geben, dass sie gut bedeckt sind und 1 Stunde weich kochen. Zimt, Lorbeer und Nelken in einem Tee-Ei mitkochen. Inzwischen die Kartoffeln schälen, in Würfel schneiden und zu den Erbsen geben. Mindestens 15 Minuten mitkochen. Wenn nötig Wasser zugeben. In einem grossen Topf die Butter erwärmen. Curry, Cayenne, die durchgepressten Knoblauchzehen und das Salz beifügen und ein paar Sekunden andünsten. Erbsen und Kartoffeln in die gewürzte Butter geben. Mit einer Holzkelle tüchtig rühren, so dass ein Mus entsteht. Mit frischen Kräutern bestreuen und sofort servieren. Ergibt mit gedämpftem Gemüse oder Saisonsalat und – wenn gewünscht – mit Joghurt oder Raita, Seite 80, eine feine Mahlzeit.

Tip: Wenn geschälte Erbsen verwendet werden, diese nicht einweichen und nur 30 Minuten kochen.

Garbanzo-Soufflé

150 g Kichererbsen
2 Salbeiblätter
1 TL Dill
½ TL Oregano
½ Knoblauchzehe,
durchgepresst
1 TL Meersalz
frischgemahlener Pfeffer
Muskat
100 ml Rahm
3 Eigelb
3 Eiweiss
1 MS Backpulver

Die Kichererbsen über Nacht einweichen. Am nächsten Tag das Einweichwasser abgiessen und durch so viel frisches Wasser ersetzen, dass die Erbsen damit bedeckt sind. Salbeiblätter beifügen und alles 1 Stunde weich kochen. Salbei herausnehmen und die Kochflüssigkeit absieben. Die Erbsen durchs Passevite (Passiergerät) drehen. Etwas erkalten lassen. Die Gewürze, den Rahm und die Eigelb zugeben und alles mit dem Schneebesen verrühren. Die Eiweiss steifschlagen und am Schluss das Backpulver dazumischen. Sorgfältig unter die Erbsenmasse heben. Sofort in eine eingefettete Soufflé- oder Auflaufform füllen und bei 200 Grad 30 bis 40 Minuten backen. Garbanzo-Soufflé ergibt eine eiweissreiche Vorspeise oder zusammen mit einem grünen Salat und gutem Vollkornbrot eine leichte Mahlzeit.

Erbs- und Dinkelgratin

100 g Dinkel
600 ml Wasser
100 g Grünerbsen
Thymian und Majoran
1 Zwiebel, gehackt
½ TL Meersalz
Pfeffer aus der Mühle
Muskat
2 TL Zitronensaft
100 g milder Bergkäse oder
Tilsiter, auf der Röstiraffel
gerieben
Guss:
100 g Quark
1 Ei
200 ml Milch
Kräutersalz, Sojasauce

Den Dinkel in ½ Liter Wasser und in einem separaten Gefäss die Erbsen in viel Wasser einweichen. Am nächsten Tag das Einweichwasser von den Erbsen abgiessen und die Erbsen spülen. Zusammen mit Thymian, Majoran und Zwiebel zum Dinkel (ins Einweichwasser) geben. Zum Kochen bringen und zugedeckt 45 bis 60 Minuten weich kochen. Das Wasser sollte verkocht sein, sonst zugedeckt nachquellen lassen oder ohne Deckel weiterkochen, bis es soweit ist. Mit Salz, viel Pfeffer, Muskat und Zitronensaft würzen und abschmecken. Die Zutaten für den Guss in eine Schüssel geben und mit dem Schneebesen verrühren. In eine eingefettete Gratinform nacheinander je die Hälfte der Erbsen-Dinkel-Masse, Käse und Guss verteilen. Wiederholen. Bei 200 Grad 30 Minuten überbacken.

Einfaches
Kichererbsen-Curry

200 g Kichererbsen
1 Lorbeerblatt
1 Zimtstengel
30 g Butter
3 EL Kokosflocken
1 Zwiebel, fein geschnitten
1 grosser Apfel, in Stücke
geschnitten
1 EL Currypulver
Meersalz, Gemüsebouillon
1 EL Zitronensaft
2 EL Rosinen
200 ml Milch

Die Kichererbsen in viel kaltem Wasser über
Nacht einweichen. Das Einweichwasser
abschütten, die Erbsen spülen und so viel frisches
Wasser zugeben, dass sie gut bedeckt sind.
Zusammen mit Lorbeer und Zimt 45 Minuten
weich kochen. Die Gewürze herausnehmen und
einen Teil der Erbsen mit dem Kochlöffel
zerdrücken. In einem grossen Topf die Butter
erwärmen. Kokos, Zwiebel, Apfel und Curry
beifügen und 5 Minuten dünsten. Die gekochten
Erbsen, Salz, Bouillon, Zitronensaft, Rosinen und
Milch zugeben und aufkochen. Abschmecken
und zugedeckt 10 Minuten köcheln und dann
ohne Hitzezufuhr 5 Minuten ziehen lassen. Mit
nature Joghurt und Scheiben von frischen
Früchten zu Vollreis oder andern Getreidege-
richten servieren.

Roti, schwarzi, gibeligäli: Bohnen

Nein, nicht von Kirschen ist hier die Rede, sondern von den etwa 500 Bohnensorten, die weltweit angepflanzt werden. Von den pechschwarzen Brasil-Bohnen bis zu den weiss schimmernden Perlbohnen, von den eleganten Soisson-Bohnen, den kugeligen Augenbohnen, den nierenförmigen, roten Indianerbohnen und den gesprenkelten Borlotti-Bohnen, die auch Wachtelbohnen heissen, weil sie wie Wachteleier gezeichnet sind, und von den aus Asien kommenden Azuki-, Mung- und Sojabohnen. Für Abwechslung im Kochtopf wäre also gesorgt. Und doch sind die Bohnengenüsse eine brachliegende kulinarische Sparte.

Woher kommt unsere Abneigung den Bohnen gegenüber? In der Alten Welt war bis zur Entdeckung Amerikas nur die Ackerbohne, die Vicia faba bekannt. Sie hatte viele Namen: Pferdebohne, Saubohne, Schweinebohne, Grosse Bohne, Dicke Bohne, Favabohne, Buffbohne und Puffbohne ... und es gab unzählige regionale Sorten. Aber, wie immer sie auch hiessen, wie immer sie auch aussahen, ob gross oder klein, flach oder rund, hell- oder dunkelhäutig, sie schmeckten wie Dicke Bohnen: schwer, mehlig und zähhäutig. Wer es sich leisten konnte, pflückte die Hülsen, solange sie noch grün waren, und ass die darin eingebetteten Samen als Frischgemüse, eine saisonale Delikatesse, die in Mittelmeerländern noch heute geschätzt wird. Den Grossteil der Ernte aber liess man an den Stauden ausreifen, trocknete sie und verzehrte sie den Winter über als «Fleisch des Feldes». Als mit dem allgemeinen Wohlstand das «rechte» Fleisch zur Alltäglichkeit wurde, haben wir Bohnen als fades Billigmus und als Dickmacher vom Speisezettel gestrichen. Doch nicht mit den Bohnen, mit den alten Vorurteilen sollten wir aufräumen. Entdecken wir sie also, die neuen Bohnengenüsse!

«Rote, schwarze, leuchtend gelbe ...»
Aus einem Schweizer Volkslied über das Kirschenpflücken.

Gerstensuppe mit Bohnen

60 g Gerstenkörner
60 g weisse Bohnen
je 1 Zweiglein Thymian und
Bohnenkraut
2 Salbeiblätter
Meersalz
1 Stengel Lauch, in
mundgerechte Stücke
geschnitten
300 g Saisongemüse, in kleine
Stücke geschnitten
wenig Muskat
Pfeffer aus der Mühle
etwas Rahm oder Milch zum
Verfeinern

Die Gerste in 1½ Liter Wasser und in einem separaten Gefäss die Bohnen gut mit Wasser bedeckt über Nacht einweichen. Am nächsten Tag das Einweichwasser von den Bohnen abgiessen. Gerste (mit Einweichwasser), Bohnen, Thymian, Bohnenkraut und Salbei zum Kochen bringen und mindestens 1 Stunde köcheln lassen. Die übrigen Zutaten ausser Rahm oder Milch beifügen. Nochmals ½ Stunde weiterkochen. Mit Rahm oder Milch verfeinern und abschmecken und mit frischen Kräutern bestreut servieren.

Variante: Anstelle von Gerste können Haferkörner verwendet werden. Mit Estragon statt mit Salbei würzen.

Einfache Borlotti-Bohnensuppe

8 Portionen

Dieses Grundrezept für eine Bohnensuppe kann für alle Bohnensorten angewandt werden. Nur die Kochzeiten und die Gewürze sind jeweils anders.

200 g Borlotti-Bohnen
1 Lorbeerblatt
Butter oder Öl
1 grosse Zwiebel,
fein geschnitten
2 Karotten, in Würfel
geschnitten
200 bis 300 g Saisongemüse, in
kleine Stücke geschnitten
Gemüseextrakt, Pfeffer, Paprika
Oregano und Basilikum

Die Bohnen über Nacht einweichen. Am nächsten Tag das Einweichwasser wegschütten und durch 1 Liter frisches Wasser ersetzen. Das Lorbeerblatt beigeben und alles etwa 1 Stunde weich kochen. In der Zwischenzeit die Gemüse vorbereiten und im Fett glasig braten. Zu den Bohnen geben. Wenn die Bohnen weich gekocht sind, die Gewürze dazumischen und 20 Minuten köcheln lassen. Vor dem Servieren zugedeckt ein paar Minuten ziehen lassen.

Weisse Bohnensuppe auf griechische Art

Bild, Seite 44

200 g Soisson-Bohnen oder
weisse Bohnen
etwa ¼ l Milch
1 TL Meersalz
Gemüseextrakt
1 Knoblauchzehe, durchgepresst
½ TL Kreuzkümmel, zerstossen
Muskat
Pfeffer aus der Mühle
1 EL Zitronensaft
½ Bund Dill, fein gehackt
200 g schöne Spinatblätter,
entstielt
Schafkäse, nach Belieben

Die Bohnen über Nacht einweichen. Am nächsten Tag das Einweichwasser wegschütten und durch so viel frisches Wasser ersetzen, dass die Bohnen gut bedeckt sind. Etwa 1 Stunde weich kochen. Milch beifügen, bis die gewünschte Suppendicke erreicht ist. Salz und Gewürze einrühren, mindestens 5 Minuten mitkochen und abschmecken. Die Spinatblätter unterheben, die Suppe nochmals 5 Minuten köcheln lassen und auftragen. Wenn gewünscht auf die angerichteten Teller einige Brocken Schafkäse geben.

Minestrone

100 g weisse Bohnen
2 EL Olivenöl
1 grosse Zwiebel, grob
geschnitten
1 Knoblauchzehe, fein gehackt
etwa 500 g Gemüse der
Jahreszeit, grob geschnitten
500 g frische Tomaten, in Stücke
geschnitten oder 1 Glas Pelati
Salbei und Thymian
1 Lorbeerblatt
½ l Gemüsebrühe
Meersalz, Pfeffer aus der Mühle
100 g Vollkornmakkaroni
Petersilie oder andere frische
Kräuter, fein gehackt
geriebener Parmesan

Die weissen Bohnen in viel Wasser über Nacht einweichen. Am nächsten Tag das Wasser abgiessen und die Bohnen spülen. In einem grossen Topf das Olivenöl erwärmen und Zwiebel und Knoblauch glasig braten. Die Bohnen zugeben und so viel frisches Wasser beifügen, dass sie gut bedeckt sind. Zugedeckt köcheln lassen, bis die Bohnen weich sind (etwa 1 Stunde). Saisongemüse, Tomaten, Kräuter und Gemüsebrühe zugeben und 15 Minuten weich kochen. Die Makkaroni einrühren, aufkochen und wenn nötig kaltes Wasser zugeben. Mit Salz und Pfeffer abschmecken und nochmals 8 bis 10 Minuten kochen. Mit frischgehackten Kräutern und Parmesan servieren.

Variante mit gedörrten Tomaten:
50 g gedörrte Tomaten ½ Stunde einweichen und zusammen mit dem Einweichwasser, anstelle der Frischtomaten, beifügen.

Yellow Submarine

Diese ausgefallene Erdnusssuppe ist eine Mahlzeit für sich, wenn Sie dazu einen grünen Saisonsalat und ein paar Vollkornkräcker servieren. Sie eignet sich aber auch als reizvolle Vorspeise für 6 bis 8 Personen.

1 EL Butter
1 TL Kreuzkümmelpulver
je ½ TL Senf- und
Gelbwurzpulver
je ¼ TL Zimt-, Nelken-,
Anispulver und Cayennepfeffer
1 Knoblauchzehe, durchgepresst
1 EL frischer Ingwer, geschält
und auf der Zitronenraffel
gerieben, oder 1 TL
Ingwerpulver
1 Zwiebel, in feine Würfel
geschnitten
100 g frisch geröstete und
geschälte Erdnüsse, wenn
gewünscht, grob gehackt
100 g (3 bis 4 EL) Erdnussbutter
½ l Wasser oder Brühe
1 TL Honig
Meersalz
¼ l Milch
Einlage:
2 grosse, knapp reife Bananen
2 EL Zitronensaft
wenig Butter
je ¼ TL Zimt, Gelbwurz
und Meersalz

Für die Suppe die Butter und Gewürze in einen Topf geben und langsam unter Rühren erhitzen. Die Zwiebeln beifügen und glasig braten, dann die Erdnüsse dazugeben und kurz mitbraten. Erdnussbutter, Wasser oder Brühe, Honig und Meersalz zugeben und unter Rühren mit dem Schneebesen zum Kochen bringen. 30 Minuten zugedeckt köcheln lassen. Inzwischen die Bananen schälen und in Scheiben schneiden. Mit dem Zitronensaft beträufeln und 10 Minuten ziehen lassen. Wenn die Suppe fertiggekocht ist, die Milch beifügen, nochmals aufkochen, abschmecken und warmhalten.

Für die Einlage Butter und Gewürze in ein flaches Pfännchen geben und erwärmen. Die Bananen mit dem Zitronensaft hineingeben und unter sorgfältigem Wenden erhitzen, bis sie weich, aber nicht zerfallen sind. Die Suppe in Suppenteller anrichten und die Bananen darauf verteilen. Wenn gewünscht, mit einem Zitronenschnitz garnieren.

Kartoffelsalat Niçoise

500 g Kartoffeln
250 g Gartenbohnen
1 TL Senf
1 EL Milch, Joghurt oder Rahm
viel frisch gemahlener Pfeffer
Kräutersalz
Hefewürze oder Sojasauce
4 EL Olivenöl
1 EL Rotweinessig
1 EL Zitronensaft
½ Knoblauchzehe,
durchgepresst
1 kleine Frühlingszwiebel oder
1 Schalotte, fein geschnitten
½ Bund frischer Kerbel,
fein gehackt
3 Tomaten

Die Kartoffeln in der Schale weich kochen. Die Bohnen putzen und in leicht gesalzenes kochendes Wasser geben. 10 bis 20 Minuten, je nach Zartheit, garen. Inzwischen Senf, Milch Gewürze, Öl, Essig, Zitronensaft und Knoblauch zu einer sämigen Sauce verrühren. Zwiebeln und Kerbel zugeben. Die Kartoffeln in mundgerechte Stücke schneiden. Die Bohnen aus dem Wasser nehmen und abschrecken. Schräg in Stücke schneiden. Die warmen Gemüse unter die Sauce heben. Die Tomaten in Würfel schneiden und sorgfältig mit dem Kartoffelsalat vermischen. Mit ganzen Kerbelblättern garnieren. Ergibt eine feine Vorspeise oder zusammen mit einem Stück Frischkäse und ein paar Oliven eine exquisite Sommermahlzeit.

Varianten: Anstelle von Gartenbohnen können Kefen oder Frischerbsen verwendet werden.

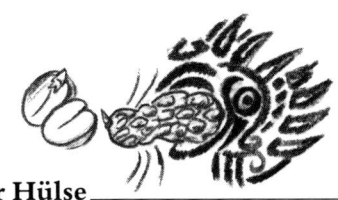

Die Nuss in der Hülse

Was zwischen den Zähnen wie eine Nuss kracht und auf Englisch «peanut» (Erbsennuss) heisst, ist für den Botaniker eine Bohne. Sie wächst unter der Erde und ist deshalb eine Erdnuss. Sie hat mit der Kartoffel und vielen anderen Kulturpflanzen gemeinsam, dass sie auf den südamerikanischen Kontinent beheimatet, und von Indios in jahrhundertelanger Auslesearbeit zu dem gezüchtet worden ist, was wir heute kennen, einem schmackhaften und nährstoffreichen Nahrungsmittel und einem bedeutenden Rohstoff auf dem Weltmarkt. Erdnüsse nehmen wir hierzulande vor allem in Form von Öl zu uns. Nur um die Weihnachtszeit knacken wir die Hülsen selber und geniessen die frischgerösteten Samen. Seit ein paar Jahren gibt es auch bei uns die in den USA so beliebte Erdnussbutter. Achten Sie beim Kauf dieses eiweissreichen Aufstrichs darauf, dass er nur aus Erdnüssen besteht und keine Zusatzstoffe enthält.

länger kochen

sehr lecker

Salade rose

6 Portionen

150 g weisse Bohnen
150 g Kidney-Bohnen
2 reife Avocados
Sauce:
1 TL Senf
¼ TL Hefewürze
½ TL Estragon
Meersalz
4 EL Kräuteressig
1 Schalotte oder
Frühlingszwiebel, fein gehackt
3 EL Sesam- oder
Sonnenblumenöl
frisch gemahlener Pfeffer

Die Bohnen über Nacht einweichen. Am nächsten Tag das Wasser abgiessen, die Bohnen spülen und gut mit frischem Wasser bedeckt etwa 1 Stunde weich kochen. Das Kochwasser abschütten und die Bohnen unter kaltem Wasser abschrecken. Die Zutaten für die Sauce in eine grosse Schüssel geben und mit dem Schneebesen zu einer sämigen Sauce verrühren. Die noch warmen Bohnen untermischen und den Salat erkalten lassen. Die Avocados in Würfel schneiden, mit Zitronensaft beträufeln und vor dem Auftragen unter den Salat heben.

Varianten: Dieses Rezept lässt sich auch mit anderen Bohnensorten zubereiten und eignet sich gut zum Aufbrauchen von kleinen Resten in angebrochenen Packungen. Die Bohnen sollten aber alle ähnliche Kochzeiten haben.

100 g milden Bergkäse, auf der Röstiraffel gerieben, unter den Salat mischen.

1 bis 2 Gewürzgurken, in kleine Stücke geschnitten, dazumischen.

50

Auberginensalat

100 g Soisson-Bohnen
400 g Auberginen
1 TL Meersalz
1 EL Olivenöl
8 bis 12 grüne Oliven
Sauce:
2 Tomaten, in kleine Stücke
geschnitten
1 EL Rotweinessig
4 EL Rotwein
1 Knoblauchzehe, gepresst
1 EL Tomatenpuree
1 EL Olivenöl
2 EL frischen Basilikum,
fein gehackt
Meersalz
Pfeffer aus der Mühle
ein paar Tropfen Tabascosauce

Die Bohnen über Nacht einweichen. Am nächsten Tag das Einweichwasser wegschütten und mit so viel frischem Wasser ersetzen, dass die Bohnen gut bedeckt sind. Etwa 1 Stunde weich kochen. Falls noch Kochwasser übrigbleibt, dieses ohne Deckel einkochen. Inzwischen die Auberginen in 3 cm grosse Stücke schneiden, in eine Schüssel geben, das Meersalz daruntermischen und ½ Stunde ziehen lassen. Mit Küchenpapier trocken tupfen und im Olivenöl rundum braun braten. Für die Sauce Tomaten, Essig, Wein, Knoblauch und Tomatenpuree zusammen aufkochen und 15 bis 20 Minuten eindicken lassen. Mit dem Stabmixer pürieren oder durch ein Sieb streichen. Die übrigen Saucenzutaten

beifügen. Bohnen, Oliven und Auberginen in eine Schüssel geben, mit der warmen Sauce übergiessen und alles sorgfältig mischen. Ganz erkalten lassen. Ergibt eine feine Vorspeise oder zusammen mit einem Saisonsalat und Vollkornbrot eine leichte Sommermahlzeit.

Streit um das Schwänzchen

Weil früher Gartenbohnen von beiden Seiten her abgefädelt werden mussten, schnitt man ihnen auch gleich das Schwänzchen ab. Nun haben aber neue Bohnenzüchtungen keinen rechten Faden mehr. Deshalb hat man jetzt dem Schwänzchen die Aufmerksamkeit zugewandt. Und siehe da, es hat sich als reinste Wundertüte entpuppt. Besonders reich an Vitaminen soll es sein und ein natürliches Cortison enthalten. Feinschmecker aber winken ab. Das Schwänzchen kratze auf der Zunge, sagen sie. Mein Rat: Prüfen Sie Ihre und die Zunge Ihrer Lieben auf Kratzfestigkeit, bevor Sie sich ans Bohnenputzen machen.

Protein-Salat

6 bis 8 Portionen

Viel Eiweiss an einer exotischen Vinaigrette.

100 g Sojabohnen
200 g Weizenkörner
300 g Gemüse der Jahreszeit
Sauce:
4 EL Zitronensaft
wenig abgeriebene
Zitronenschale
2 EL Reis- oder Weinessig
2 Knoblauchzehen,
durchgepresst
2 TL frischer Ingwersaft, Seite 77
3 EL Sojasauce
2 Pr. Meersalz
½ TL Sambal Oelek
1 Pr. Curry
4 EL Sesam- oder
Sonnenblumenöl
1 TL geröstetes Sesamöl

Die Weizenkörner in 800 ml Wasser und in einem separaten Gefäss die Bohnen in der 3- bis 4fachen Menge Wasser über Nacht einweichen. Am nächsten Tag das Einweichwasser von den Bohnen abgiessen und die Bohnen zu den Weizenkörnern ins Einweichwasser geben. Alles zusammen aufkochen. Schaum und aufschwimmende Häutchen entfernen. Mindestens 2 Stunden weich kochen. Wenn nötig zwischendurch heisses Wasser zugeben. In einer grossen Schüssel die Zutaten für die Sauce mit dem Schneebesen verrühren. Die weichgekochte Weizen-Soja-Mischung absieben und ganz heiss mit der Sauce vermischen. Ganz erkalten lassen. Vor dem Auftragen das Saisongemüse raffeln oder kleinschneiden. Unter den Salat mischen.

Rustikaler Bohneneintopf

200 g weisse Bohnen
oder Soissonbohnen
100 g Grünkern (ganze Körner)
1 Zweiglein Bohnenkraut
1 Lorbeerblatt
1 l Wasser
1 kleine Sellerieknolle
1 grosse Karotte
1 bis 2 Lauchstengel
1 Zwiebel
100 g frische Pilze
25 g Butter
1 TL Meersalz
etwa 2 TL Gemüseextrakt
½ TL Paprika, edelsüss
Sojasauce zum Abschmecken

Die Bohnen über Nacht in viel kaltem Wasser einweichen. Am nächsten Tag das Einweichwasser abgiessen, die Bohnen spülen und in einen dickwandigen Topf geben, der gross genug ist, alle Zutaten zu fassen. Grünkern, Bohnenkraut, Lorbeer und Wasser beifügen und alles langsam zum Kochen bringen. Mindestens 1 Stunde zugedeckt köcheln lassen. Inzwischen Sellerie, Karotte und Lauch putzen, in mundgerechte Stücke schneiden und zu den Bohnen geben. Die Zwiebel in dünne Halbmonde und die Pilze in Würfel schneiden. Die Butter in einer separaten Pfanne erwärmen. Zwiebel zugeben und glasig braten. Dann die Pilze zugeben und alles auf kleinem Feuer langsam 15 bis 20 Minuten anbraten. Wenn die Bohnen gar sind, zu den Bohnen geben. Alle übrigen Zutaten beifügen und zugedeckt nochmals 15 Minuten köcheln lassen. Abschmecken und wenn möglich den Eintopf vor dem Servieren nochmals 5 bis 10 Minuten ziehen lassen.

Dörrbohnensalat mit Sonnenblumenkernen

50 g Dörrbohnen
1 TL Bohnenkraut
3 EL Sonnenblumenkerne
1 grosse Kartoffel
1 Karotte
Petersilie, fein gehackt
Sauce:
½ TL Senf
½ TL Hefewürze
2 EL Rotweinessig
2 EL Rotwein
3 EL Sesam- oder Olivenöl
1 Schalotte oder kleine Zwiebel,
fein gehackt
½ Knoblauchzehe,
durchgepresst
frisch gemahlener Pfeffer
Kräutersalz

Die Bohnen über Nacht einweichen. Am nächsten Tag das Einweichwasser abgiessen und die Bohnen mit reichlich frischem Wasser und dem Bohnenkraut in einen Topf geben. Etwa ½ Stunde gar kochen. Inzwischen die Sonnenblumenkerne in einer Bratpfanne langsam ohne Fettzugabe rösten. Kartoffeln und Karotte in kleine Würfel schneiden und im Siebeinsatz knapp gar dämpfen. Die Zutaten für die Sauce in einer grossen Schüssel verrühren. Wenn die Bohnen gar sind, das Kochwasser abschütten und die heissen Bohnen und das Gemüse mit der Sauce vermischen. Zuletzt die Sonnenblumenkerne und Petersilie untermischen und den Salat erkalten lassen.

In mehreren Jahrhunderten um die Welt

Nicht 80 Tage, sondern mehrere Jahrhunderte brauchte die Augenbohne für ihre Reise um die Welt. Wahrscheinlich in China als Verwandte der Mungbohne geboren, trat sie ihren Weg westwärts über die Seidenstrasse an, geriet in die Hände der Araber, die sie nach Afrika entführten. Von dort nahmen sie Sklaven mit in die westliche Hemisphäre, wo sie besonders in der Karibik und in den Südstaaten der USA ihre Liebhaber fand. Heute ist Kalifornien das Hauptanbaugebiet. Von dort aus wird sie in die ganze Welt exportiert – auch in den Fernen Osten.

Succotash

«Succotash» ist ein Gericht der nordamerikanischen Indianer aus Mais und Bohnen. Die beiden wurden immer zusammen angebaut. Die Maisstengel ergaben praktische Bohnenstangen, und die Bohnen düngten den starkzehrenden Mais. So war es auch natürlich, die beiden zusammen zu essen.

200 g Augenbohnen
1 Zweiglein Bohnenkraut
4 frische Maiskolben (Süssmais)
1 EL Butter
2 Knoblauchzehen, fein gehackt

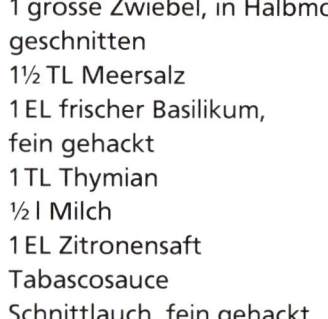

1 grosse Zwiebel, in Halbmonde geschnitten
1½ TL Meersalz
1 EL frischer Basilikum, fein gehackt
1 TL Thymian
½ l Milch
1 EL Zitronensaft
Tabascosauce
Schnittlauch, fein gehackt

Die Bohnen über Nacht in reichlich Wasser einweichen. Das Wasser abschütten, die Bohnen spülen und so viel frisches Wasser nachfüllen, dass sie damit bedeckt sind. Bohnenkraut beifügen. Aufkochen und zugedeckt 45 Minuten weich kochen. Die Maiskolben Spitze nach oben aufrecht auf einem Hackbrett halten und mit einem grossen scharfen Messer die Kerne senkrecht abschneiden. In einem grossen Topf die Butter erwärmen. Den Knoblauch und nach ein paar Sekunden die Zwiebel zugeben. Langsam goldig braun braten. Die Maiskörner beifügen und 5 Minuten mitbraten. Salz, Basilikum, Thymian und Milch beifügen und zum Kochen bringen. Die gekochten Bohnen sorgfältig, damit sie nicht zerfallen, einrühren und nochmals aufkochen. Mit Zitronensaft und Tabascosauce abschmecken und vom Feuer nehmen. Nicht mehr kochen, sondern bis zum Auftragen zugedeckt warm halten. Mit Schnittlauch bestreuen und anrichten.

Variante: Anstelle von Augenbohnen Kidney- oder Schwarzbohnen nehmen.

Cassoulet nach Vegetarierart

6 bis 8 Portionen

Viele Stunden muss ein echtes Cassoulet vor sich hinköcheln. In seiner «Histoire comique» schreibt Anatole France, dass das Cassoulet von «Chez Clémence» seit 20 Jahren kocht. Sie gibt einfach immer wieder neue Zutaten dazu.

400 g Soisson-Bohnen
4 Nelken, auf eine geschälte
Zwiebel gesteckt
Lorbeer, Thymian, Majoran,
Liebstöckl und Bohnenkraut
30 g Butter
20 g Trockenpilze, eingeweicht
1 Knoblauchzehe, durchgepresst
500 g Gemüse der Jahreszeit,
in mundgerechte Stücke
geschnitten
3 Tomaten, in Würfel
geschnitten, oder Pelati oder
1 EL Tomatenpüree
200 ml Rotwein
2 TL Meersalz
Pfeffer aus der Mühle
1 bis 2 TL Hefewürze
4 EL Vollkornpaniermehl

Die Bohnen über Nacht in viel kaltem Wasser einweichen. Am nächsten Tag das Einweichwasser abgiessen. Die Bohnen spülen und mit so viel frischem Wasser in einen Topf geben, dass sie gut bedeckt sind. Die bestecke Zwiebel und die Kräuter beifügen und die Bohnen weich kochen (ca. 1 Stunde). Die Pilze aus dem Wasser nehmen, gut spülen und abtropfen lassen. In einem grossen dickwandigen Topf die Butter erwärmen. Knoblauch und Pilze darin wenden, dann die Saisongemüse dazurühren. Ein paar Minuten andünsten und die Tomaten zugeben. Die gegarten Bohnen mit Sud, Zwiebel entfernt, dazugeben und mit Wein, Salz, Pfeffer und Hefewürze würzen und abschmecken. Mit dem Paniermehl bestreuen und den Topf ohne Deckel bei 225 Grad im Ofen 20 bis 30 Minuten backen. Eine einfach-elegante und nahrhafte Mahlzeit ergibt sich aus dem Cassoulet, wenn als Vorspeise ein üppiger grüner Salat gegessen und als Begleitung ein währschaftes Stück Hartkäse, ein feiner Ziegenkäse, ein gutes Vollkornbrot und ein Glas Rotwein aufgetragen wird.

Cassoulet im Tontopf: Von «cassolle d'Issel», einem Tontopf, hat Cassoulet seinen Namen. Auch dieses Rezept (wie auch die Boston Baked Beans) kann in einem Tontopf zubereitet werden. Das Gemüse muss dann allerdings separat in einer Bratpfanne angedünstet werden.

Melonen mit Azuki-Bohnen

Melonen als Ouvertüre zu einem sommerlichen Mahl einmal anders.

100 g Azuki-Bohnen
1 Becher Joghurt
½ TL Kardamompulver
Saft von 1 Zitrone
1 TL Honig
1 mittelgrosse, reife Melone

Die Azuki-Bohnen über Nacht einweichen. Am nächsten Tag das Wasser abgiessen, die Bohnen spülen und gut mit frischem Wasser bedeckt 1 bis 1½ Stunden gar kochen. Etwas erkalten lassen, dann eventuell vorhandenes Kochwasser abschütten und die Bohnen spülen. In einer Schüssel Joghurt, Kardamom, Zitronensaft und Honig mit dem Schneebesen verrühren. Die Bohnen dazumischen. Die Melone entkernen und in Würfel schneiden oder mit dem Pariser-messer Kugeln ausstechen und zu den andern Zutaten mischen. Den Salat ganz erkalten lassen.

Pasta e Fagioli

Für dieses Rezept durfte ich einmal einer italieni-schen Prinzessin, die auch eine leidenschaftliche Köchin ist, in die Töpfe schauen.

200 g Borlotti- oder
Kidney-Bohnen
1 Lorbeerblatt
2 Salbeiblätter
1 EL Olivenöl
1 Zwiebel, gehackt
1 Karotte oder 1 Stück Sellerie, in kleine Würfel geschnitten
500 g Gemüse nach Jahreszeit, in mundgerechte Stücke geschnitten
1 TL Basilikum
1 Pfefferschote (Peperoncini) oder ½ TL Chilipulver
Meersalz
1 l heisse Gemüsebrühe
250 g Vollkornteigwaren von beliebiger Form, aber keine Spaghetti
1 TL Oregano
1 Knoblauchzehe, gepresst
Sojasauce zum Abschmecken
geriebener Parmesan
oder Sbrinz

Die Bohnen über Nacht einweichen. Am näch-sten Tag das Einweichwasser wegschütten, die Bohnen spülen und in einen Topf geben, der gross genug ist, um alle Zutaten zu fassen. So viel frisches Wasser, dass die Bohnen gut bedeckt sind, sowie Lorbeer und Salbei bei-fügen. 1 Stunde weich kochen. Inzwischen in einer Bratpfanne die Gemüse im Olivenöl kurz andünsten und zu den Bohnen geben. Wenn die Bohnen weich sind, mit Basilikum, Pfefferschote und Meersalz würzen. Die heisse Gemüsebrühe beifügen und alles aufkochen. Die Teigwaren einlaufen lassen und sorgfältig unterheben. Oregano und Knoblauch beifügen. Köcheln lassen, bis die Teigwaren «al dente» sind. Mit Sojasauce abschmecken. «Pasta e fagioli» wie eine Suppe in grosse Portionenschalen anrichten und am Tisch den geriebenen Käse, Olivenöl und eine Pfeffermühle dazu reichen.

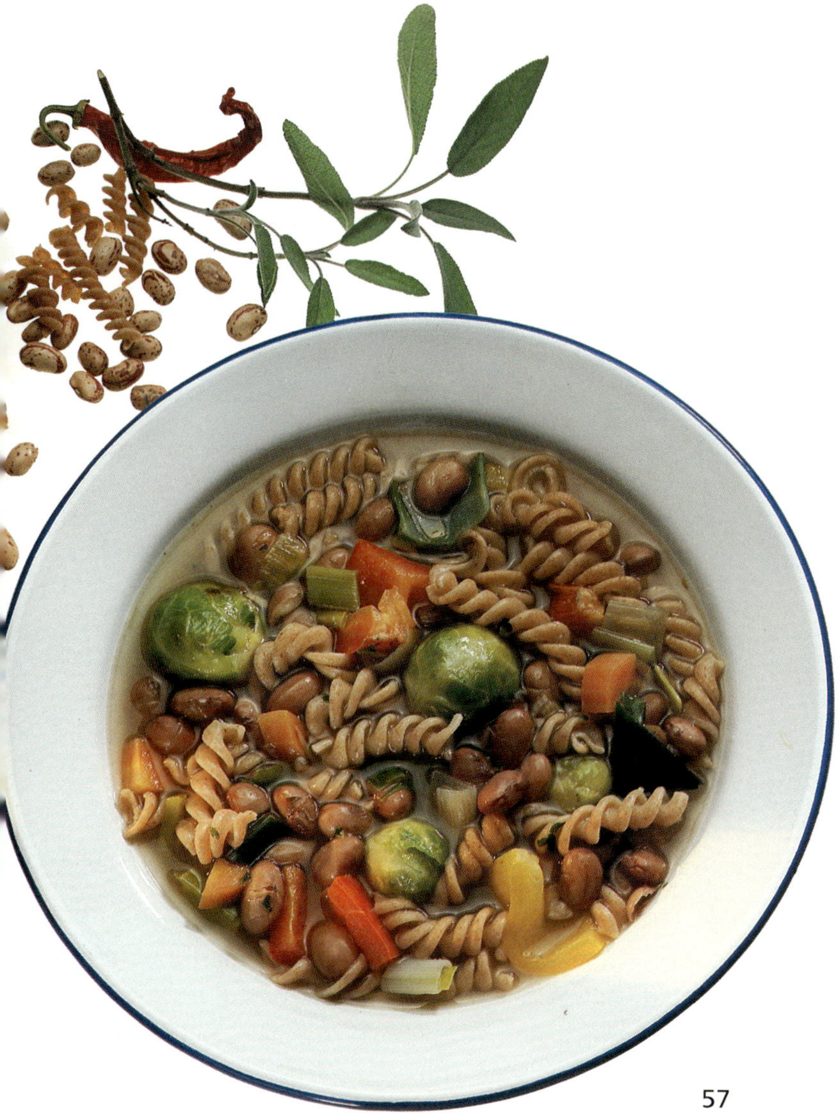

Sonderfall Soja

Eine besondere Leguminose ist die Sojabohne. Mit ihrem hohen Fettanteil von 18 %, gegenüber 4 % bei andern Hülsenfrüchten, ist sie noch schwerer verdaulich als ihre Verwandten. Deshalb wird sie in den traditionellen Soja-Ländern selten als Eintopf oder ähnliches zubereitet, sondern in handwerklichen Verfahren zu Eiweissspeisen wie Tofu, Miso, Sojasauce, Tempeh und Sprossen verarbeitet.

In China wird die Sojabohne seit über 5000 Jahren angebaut und als heilige Pflanze verehrt. Im Westen hat sich ihr Anbau erst in diesem Jahrhundert verbreitet, und sie ist in wenigen Jahrzehnten zu einem der wichtigsten Rohstoffe auf dem Weltmarkt vorgerückt. Was von der Bohne nicht für die Billigöl- und Margarinefabrikation gebraucht wird, landet in den Futtertrögen der Tierfabriken oder wird von Nahrungsmittelkonzernen zu fragwürdigen Konzentraten, Isolaten und Zusatzstoffen verunstaltet.

Boston Baked Beans (Gebackene Bohnen nach Bostoner Art)

6 bis 8 Portionen

Wie wär's mit Bohnen als Sonntagsbraten? Die ersten europäischen Siedler auf dem nordamerikanischen Kontinent haben von den Indianern einiges an «Hülsenfrüchte-Knowhow» übernommen – nicht nur im Anbau, auch in der Verwendung. Als strenggläubige Christen durften sie am Sonntag nicht kochen. Bohnen im Tontopf nach Indianerart konnten schon am Samstag vorbereitet werden und mussten am Sonntag nur noch auf dem Feuer schmoren. So waren «Boston Baked Beans» lange Zeit ein amerikanisches Sonntagsgericht und wurden, als die religiösen Regeln gelockert wurden, zur Samstagabend-Tradition.

400 g weisse Bohnen
1 Lorbeerblatt
2 Gewürznelken
1 Teelöffel Senfkörner, zerstossen
25 g Butter
2 grosse Zwiebeln, in Streifen geschnitten
2 Knoblauchzehen, fein gehackt
3 Karotten, in Würfel geschnitten
1 bis 2 Saisongemüse, in mundgerechte Bissen geschnitten
6 bis 8 Tomaten, in Stücke geschnitten, oder 1 Glas Pelati
2 TL Meersalz
1 EL Vollrohrzucker
4 EL Rum
3 EL Sojasauce
2 EL Zitronensaft
ein paar Tropfen Tabascosauce

Die Bohnen über Nacht in viel kaltem Wasser einweichen. Am nächsten Tag das Einweichwasser abgiessen. Die Bohnen spülen und mit so viel frischem Wasser in einen Topf geben, dass sie gut bedeckt sind. In einem Tee-Ei Lorbeer und Nelken beifügen und die Bohnen weich kochen (ca. 1 Stunde). In einem grossen dickwandigen Topf die Senfkörner einige Sekunden rösten, dann die Butter zugeben. Zwiebeln und Knoblauch darin glasig braten, dann die übrigen Gemüse beifügen und kurz mitbraten. Die gegarten Bohnen, mit Sud, dazugeben und mit den übrigen Zutaten würzen. Den Deckel aufsetzen und den Topf bei 200 Grad im Ofen 30 Minuten überbacken. Ergibt zusammen mit kalten Beilagen wie Rohgemüse und Früchten, Vollkornbrot und Käse eine herzhafte und gemütliche Mahlzeit.

Chili con Verdura +++

8 Portionen *mehr Wasser nehmen, nur ca 5 Portionen*

400 g Borlotti- oder
Kidney-Bohnen
1 Lorbeerblatt
1 TL Kreuzkümmel
2 EL Olivenöl
1 Zwiebel, gehackt
2 bis 3 Knoblauchzehen,
fein gehackt
2 Stengel Bleichsellerie,
in Scheiben geschnitten
2 Paprikaschoten
in mundgerechten Stücken
3 Tomaten, in Stücke
geschnitten oder 1 Glas Pelati
1 TL Chilipulver
Meersalz
Gemüseextrakt
Cayennepfeffer
Tabascosauce

Die Bohnen über Nacht in reichlich Wasser einweichen. Das Wasser abschütten, die Bohnen spülen und so viel frisches Wasser nachfüllen, dass sie gut damit bedeckt sind. Lorbeer beifügen, aufkochen und zugedeckt 1 Stunde weich kochen. In einer Bratpfanne den Kreuzkümmel kurz rösten. Das Olivenöl beifügen und Zwiebel und Knoblauch darin glasig braten. Sellerie und Paprikaschoten beifügen und mitbraten. Tomaten zugeben, salzen und 5 Minuten schmoren lassen. Zu den gekochten Bohnen geben. Mit Meersalz, Gemüseextrakt, Cayennepfeffer und Tabascosauce abschmecken. Das Chili sollte pikant-scharf sein. Kochen, bis das Gemüse gar, aber noch bissfest ist. Vor dem Servieren 5 bis 10 Minuten zugedeckt ziehen lassen. Dazu passt Maisbrot oder Polenta.

Nahrung für Mensch, Tier und Boden

Leguminosen sind nicht nur wichtige Eiweisslieferanten für Menschen und Tiere, sie spenden auch dem Boden, auf dem sie wachsen, Nahrung. Diese ganze Pflanzenfamilie bewirtet nämlich an ihren Wurzeln Ansammlungen von Knöllchenbakterien, kleine Stickstofffabriken, die dem Landwirt gratis Stickstoff liefern. Diese Düngersubstanz muss sonst in der Fabrik mit immensem Energieaufwand gewonnen werden. Deshalb werden Leguminosen seit alters her auch als Gründüngung angebaut. Aus weltwirtschaftlichen Gründen lohnt es sich in unsern Breitengraden nicht, die Kultivierung von Linsen, Kichererbsen und Speisebohnen zu fördern. Deshalb verwenden die Bauern Futterpflanzen wie Proteinerbsen, Lupinen, Ackerbohnen, Klee, Luzerne und Wicken – alles Angehörige der Leguminosenfamilie – für die Fruchtfolge. Wir essen also unsere Hülsenfrüchte doch, aber im Braten oder in der Wurst.

Brasilianisches Chili

8 Portionen

400 g Schwarzbohnen
2 Lorbeerblätter
2 TL Kreuzkümmel
2 TL Oregano
1 Pfefferschote (Peperoncini),
Stiel und Kerne entfernt und
fein gehackt oder
1 TL Chilipulver
2 TL Paprika
¼ TL Cayennepfeffer
2 EL Olivenöl
2 Zwiebeln, gehackt
3 Knoblauchzehen, fein gehackt
1 EL Meersalz
500 g frische Tomaten, in Stücke
geschnitten oder 1 Glas Pelati
ein paar Tropfen Tabascosauce
1 EL Weinessig
Als Beilage:
Joghurt oder saurer Halbrahm
und/oder ein gehobelter milder
Bergkäse

Die Bohnen über Nacht einweichen. Am nächsten Tag das Einweichwasser wegschütten, die Bohnen spülen und in einen Topf geben, der gross genug ist, um alle Zutaten zu fassen. So viel frisches Wasser, dass die Bohnen gut bedeckt sind, und Lorbeer beifügen. 1 bis 1½ Stunden weich kochen. In der Bratpfanne Kreuzkümmel, Oregano, Pfefferschote oder Chilipulver, Paprika und Cayennepfeffer einige Sekunden rösten. Alles im Mörser zerstampfen. Das Öl in die Pfanne geben und die Zwiebeln glasig braten. Knoblauch, Salz und Gewürzmischung, Tomaten und Tabascosauce beifügen.

15 Minuten köcheln lassen, dann diese Sauce zu den weichgekochten Bohnen geben. Nochmals 15 bis 30 Minuten einkochen. Das Chili sollte flüssig sein wie eine dicke Suppe. Mit dem Essig und Salz abschmecken. In Suppenschalen mit den Beilagen und Maisbrot oder Vollkornbrot servieren. Brasilianisches Chili passt auch gut zu Polenta oder Reis.

Tip: Während der Kräutersaison viel frischen Oregano und 1 frische Pfefferschote verwenden. Fein hacken. Nicht rösten.

Gefüllte Kürbisschalen

4 Portionen brasilianisches Chili
1 Kürbis von ca. 1 kg
200 g milder Käse, z. B. Tilsiter,
grob gerieben oder 2 Handvoll
Cashewkerne

Den Kürbis gut waschen und vierteln. Mit einem
Löffel das Kerngehäuse auskratzen. Die Schalen
in eine flache Backform stellen. Bei 200 Grad
während 30 Minuten backen. Aus dem Ofen
nehmen und mit dem Chili füllen. Es darf über-
laufen. Mit dem Käse oder den Cashewkernen
bestreuen. Überbacken, bis der Käse schmilzt
oder die Kerne anfangen, sich zu verfärben
(ca. 10 Minuten).

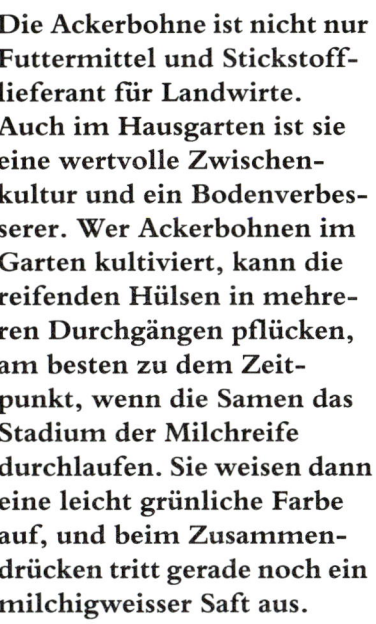

Abwechslung mit Ackerbohnen

Die Ackerbohne ist nicht nur Futtermittel und Stickstoff-lieferant für Landwirte. Auch im Hausgarten ist sie eine wertvolle Zwischen-kultur und ein Bodenverbes-serer. Wer Ackerbohnen im Garten kultiviert, kann die reifenden Hülsen in mehre-ren Durchgängen pflücken, am besten zu dem Zeit-punkt, wenn die Samen das Stadium der Milchreife durchlaufen. Sie weisen dann eine leicht grünliche Farbe auf, und beim Zusammen-drücken tritt gerade noch ein milchigweisser Saft aus.

Früher war der Verzehr der frischen Samen, die wie grüne Erbsen zubereitet wurden, sehr verbreitet. In Norddeutschland nennt man solche Bohnen «lederne Jun-gens», und rund ums Mittel-meer sind frische Fava-Bohnen ein beliebtes Saison-gemüse. In den USA wird eine ähnliche Bohnensorte, die Lima-Bohne, unausge-reift als Tiefkühlgemüse angeboten. Auch Acker-bohnen im Milchreifesta-dium können blanchiert und tiefgekühlt werden. Sie ergeben im Winter eine eiweissreiche Delikatesse.

Azuki-Reis
mit Zwiebelsauce

100 g Azuki-Bohnen
200 g Vollreis
Sauce:
2 EL Öl
1 TL geröstetes Sesamöl
2 grosse Zwiebeln, in
Halbmonde geschnitten

2 Knoblauchzehen,
durchgepresst
1 EL Ingwer, geschält und auf
der Zitronenraffel gerieben
1 TL Essig
1 Pr. Vollrohrzucker
1 Pr. Cayennepfeffer
4 EL Sojasauce
Zum Garnieren:
Mandelsplitter

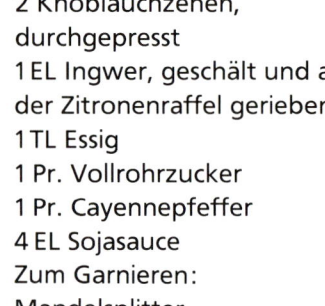

Die Bohnen über Nacht in viel Wasser einweichen. Am nächsten Tag das Einweichwasser
abgiessen. Bohnen und Reis waschen und mit
600 ml frischem Wasser in den Dampfkochtopf
geben. 45 Minuten unter Druck weich kochen.
Für die Sauce die Öle in einer Saucenpfanne
erwärmen. Zwiebeln beifügen und goldbraun
braten. Mit 6 Esslöffeln Wasser ablöschen und
aufkochen. Alle übrigen Saucenzutaten
beifügen und ein paar Minuten köcheln lassen.
Zum Anrichten die Sauce auf warme Teller
geben. Den Azuki-Reis daraufgeben und mit
Mandelsplittern garnieren.

Vegetarier-Platte

Besser als eine Berner Platte, meinte ein unvoreingenommener Testesser zu dieser Kreation.

100 g Dörrbohnen
Bohnenkraut, Thymian, Salbei
Gemüseextrakt
Meersalz
8 Kartoffeln
250 g Tofu
Sesam- oder Olivenöl
2 Knoblauchzehen, fein gehackt
1 kleines Glas Pelati
1 TL Basilikum
frischgemahlener Pfeffer
Sojasauce
Butter oder Öl

Die Dörrbohnen über Nacht einweichen. Am nächsten Tag das Einweichwasser abschütten und mit so viel frischem Wasser in einen Topf geben, dass die Bohnen bedeckt sind. Bohnenkraut, Thymian und Salbei beifügen und die Bohnen weich kochen (ca. ½ Stunde). Mit Gemüseextrakt und Meersalz gut würzen und mindestens 5 Minuten weiterkochen. Inzwischen die Kartoffeln in Würfel und den Tofu in 8 Tranchen schneiden. In einer grossen Bratpfanne oder Sauteuse 1 Esslöffel Öl erwärmen und den Knoblauch ganz kurz darin andünsten. Pelati, Basilikum, Pfeffer, Meersalz und Sojasauce hineingeben und aufkochen. Die Bohnen aus dem Sud heben und direkt in die Tomatensauce geben. Etwas Sud beifügen und die Bohnen zugedeckt schmoren lassen. Hie und da wenden. Die Kartoffelwürfel in den Bohnensud geben und die Tofutranchen darauflegen. Etwa 15 Minuten köcheln lassen. Wenn die Kartoffeln weich sind, die Bohnen aus der Bratpfanne auf eine grosse flache Platte anrichten und mit der Sauce übergiessen. Warmstellen. In der leeren Pfanne ein Stück Butter oder etwas Öl erwärmen, die Tofutranchen aus dem Sud nehmen und darin wenden. Dachziegelartig auf die Bohnen legen und mit Sojasauce beträufeln. Nochmals etwas Fett in die Pfanne geben und die Kartoffeln darin wenden. Neben die Bohnen anrichten und servieren.

Variante mit gedörrten Tomaten:
50 g gedörrte und kleingeschnittene Tomaten ½ Stunde einweichen und zusammen mit dem Einweichwasser, anstelle der Pelati, verwenden.

Tip: Den Sud am nächsten Tag mit Croutons und Kräutern als Suppe servieren.

Azuki-Bohnen als Saubermacher

Die alten Chinesen glaubten, dass ihr Körper nach dem Tode nicht verwese, wenn sie sich im Alter ausschliesslich von Azuki-Bohnen ernährten. Ein Ziel, das moderne Westler wohl kaum anstreben. Wenn wir aber «nicht verwesen» mit «reinhalten» übersetzen, finden wir die Idee gar nicht mehr so abwegig. AzukiBohnen unterstützen nämlich die Nierenfunktionen, und die Nieren sind ja ein Reinigungs- und Filterorgan «par excellence».

Geben Sie den Azukis genug Zeit zum Einweichen und Garen. Nur so können sie ihren feinen, nussartigen Geschmack voll entfalten.

Moros y Christianos
(Bohnen- und Reis-Paella)

150 g Schwarzbohnen
200 g Vollreis
700 ml Wasser
1 Zweiglein Rosmarin
2 grosse, dicke Karotten
1 EL Butter
1 Knoblauchzehe
1 Pr. Safran
Kräutersalz
1 EL Olivenöl
1 grosse Zwiebel, grob
geschnitten
100 g Champignons, halbiert
oder geviertelt
300 g Auberginen, in grosse
Stücke geschnitten
1 grosse rote Paprikaschote, in
grosse Stücke geschnitten
1 EL Kapern
2 EL Sherry
Meersalz
etwa 1 Tasse heisse kräftige
Gemüsebouillon
Zitronenschnitze

Die Bohnen über Nacht einweichen. Am nächsten Tag das Einweichwasser abgiessen, die Bohnen spülen und in den Dampfkochtopf geben. Den Vollreis waschen und zu den Bohnen geben. Wasser und Rosmarin beifügen und alles 45 Minuten unter Druck weich kochen. Inzwischen die Karotten in grosse diagonale Scheiben schneiden. Jede Scheibe nochmals fächerartig einschneiden. In einer grossen Brat- oder Paellapfanne die Butter erwärmen und die Karotten darin anbraten, bis sie braune Ränder bekommen. ½ Knoblauchzehe durch die Presse dazugeben sowie 4 EL Wasser, Safran und Kräutersalz. Köcheln lassen, bis das Wasser vollständig verdampft ist. Aus der Pfanne nehmen und warmstellen. Die Zwiebel im Olivenöl glasig braten. Champignons beifügen und ein paar Minuten mitbraten. Dann die Auberginen, Peperoni und die halbe durchgepresste Knoblauchzehe zugeben und unter Rühren anbraten, bis sie zusammenfallen. Den weichgekochten Bohnen-Reis dazumischen. Mit Meersalz, Kapern, Sherry und Bouillon nach Bedarf würzen. 20 Minuten zugedeckt schmoren lassen. Zuletzt die Karotten sorgfältig unterheben. Mit Zitronenschnitzen garniert direkt in der Pfanne oder in einer weiten Keramikschüssel servieren.

Azuki-Kürbis-Eintopf

100 g Azuki-Bohnen
1 EL Sesamöl
1 TL geröstetes Sesamöl
500 g Kürbis
1 Messerspitze Ingwerpulver
oder 1 TL Saft von frischem
Ingwer, Seite 77
1 EL Zitronensaft oder Reisessig
Meersalz
1 bis 2 EL Sojasauce

Die Azuki-Bohnen in viel Wasser über Nacht einweichen. Das Einweichwasser wegschütten, die Bohnen spülen und in einen Topf geben. So viel frisches Wasser zugeben, dass sie gut bedeckt sind. 1 Stunde weich kochen. Den Kürbis schälen, Kernhaus mit einem Löffel auskratzen und in grobe Stücke schneiden. In einem grossen Topf im Sesamöl 10 Minuten anbraten. Wenn die Bohnen gar sind, samt Kochwasser zum Kürbis geben. Ingwer, Zitronensaft und Meersalz beifügen und kochen, bis der Kürbis gar ist. Mit Sojasauce abschmecken.

Chinesisches Grüne-Bohnen-Gemüse

250 g Gartenbohnen
1 Schalotte, fein geschnitten
1 Karotte, in Julienne-Stäbchen geschnitten
100 g frische Pilze, in Blättchen geschnitten
500 g Saisongemüse, z. B. Kohl, Chinakohl, Zucchini, Broccoliblüten, Fenchel, klein geschnitten
1 Knoblauchzehe, gepresst
1 TL Ingwerpulver oder 1 EL frischer Ingwersaft, Seite 77
½ TL Sambal Oelek
1 TL Essig
1 Pr. Meersalz
2 EL Sojasauce
1 EL Sesamöl oder Mais- oder Distelöl
1 TL geröstetes Sesamöl
1 EL Marantamehl oder Stärkemehl

Die Bohnen rüsten, in kochendes, leicht gesalzenes Wasser geben und während 10 bis 15 Minuten weich kochen. Das Wasser abgiessen und die Bohnen abschrecken. In diagonale Stücke schneiden. Die übrigen Gemüse und die Gewürze putzen und bereitstellen. Die Öle in einer grossen Bratpfanne oder im Wok erwärmen. Nacheinander Schalotte, Karotte, Pilze und Saisongemüse hineingeben und unter Rühren anbraten. Zuletzt die Bohnen beifügen. Knoblauch, Ingwer, Sambal Oelek, Essig, Meersalz und Sojasauce untermischen. Mit ¼ Liter Wasser ablöschen und aufkochen. Vom Feuer nehmen. Das Stärkemehl in wenig Wasser anrühren und über das Gemüse giessen. Zurück auf der Platte unter sorgfältigem Rühren aufkochen, bis die Sauce eindickt. Sofort servieren zu Vollreis, Hirse, Vollkornteigwaren usw.

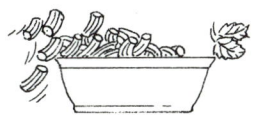

65

Burritos

6 bis 8 Portionen

1 Rezeptmenge Maisfladen
½ Rezeptmenge Frijoles
150 g Raclettekäse oder milder
Tilsiter, in längliche Scheiben
geschnitten
Lattich- oder andere
Salatblätter, fein geschnitten

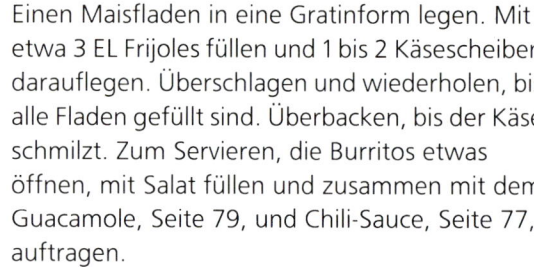

Einen Maisfladen in eine Gratinform legen. Mit etwa 3 EL Frijoles füllen und 1 bis 2 Käsescheiben darauflegen. Überschlagen und wiederholen, bis alle Fladen gefüllt sind. Überbacken, bis der Käse schmilzt. Zum Servieren, die Burritos etwas öffnen, mit Salat füllen und zusammen mit dem Guacamole, Seite 79, und Chili-Sauce, Seite 77, auftragen.

Varianten: Die Burritos können mit Chili con Verdura, Seite 59, brasilianischem Chili, Seite 60, oder Knoblauch- und Bohnensugo, Seite 72, gefüllt werden.

Maisfladen für Burritos

Diese «Maisomeletten» werden absichtlich ohne Eier hergestellt, damit der typische Mais-geschmack der frischgemahlenen Körner richtig zur Geltung kommt. Zum Maismahlen brauchen Sie eine gute Getreidemühle. In Reformhäusern ist auch fertiges Maismehl erhältlich. Da die Fladen in der Pfanne leicht brechen, ist es besser, sie nicht zu gross zu backen.

150 g feines Maismehl
75 g feines Weizenmehl
1 EL Marantamehl oder
Stärkemehl
1 TL Meersalz
500 bis 600 ml Wasser
Maisöl

Alle Zutaten, ausser dem Öl, in einer Schüssel ein paar Minuten verrühren. Mindestens ½ Stunde kaltstellen. Den Teig nochmals gut durchrühren und wenn nötig verdünnen. In einer kleinen Bratpfanne wenig Öl erhitzen. Etwas Teig mit einer Suppenkelle in einer Spiralbewegung hineinlaufen lassen. Mit der Bratenschaufel zu einem dünnen Fladen verstreichen. Braten, bis die Oberseite überall fest geworden ist. Wenden und auf der zweiten Seite kurz anbräunen. Die Fladen auf einem Teller stapeln und bis zur Weiterverwendung zudecken.

Frijoles Refritos
(Bohnenpaste)

8 Portionen

Eine Art «Bohnenrösti» aus Mexiko. Sie eignet sich als Füllung, Aufstrich oder Beilage.

400 g Indianer-, Schwarz- oder
Borlotti-Bohnen
Olivenöl
2 Zwiebeln, fein gehackt
2 Knoblauchzehen, fein gehackt
Meersalz
1 Lorbeerblatt
2 TL Koriander
1 TL Kreuzkümmel
1 Pr. Cayennepfeffer

Die Bohnen waschen und in viel kaltem Wasser über Nacht einweichen. Das Einweichwasser abgiessen und die Bohnen nochmals gut spülen. Mit frischem Wasser auffüllen, bis die Bohnen bedeckt sind. Zum Kochen bringen und zugedeckt etwa 1 Stunde weich kochen. In einer grossen Bratpfanne Zwiebel und Knoblauch im Olivenöl glasig braten. Die Bohnen mit der Schaumkelle aus dem Sud nehmen und unter Rühren mitbraten. Koriander und Kreuzkümmel im Mörser zerstampfen und beifügen. Salzen. Wenn die Bohnen eintrocknen, Sud zugeben und weiterbraten, bis alle Flüssigkeit aufgebraucht ist. Zwischendurch einen Teil der Bohnen mit der Bratschaufel zerdrücken. Die Frijoles sollten musig und nicht zu trocken sein.

Chiles Rellenos
(Gefüllte Paprika)

4 grosse oder 8 kleine
Paprikaschoten
½ Rezeptmenge Frijoles
1 Rezeptmenge «Weisse Sauce»
ca. 75 g Raclettekäse oder
Tilsiter, grob gerieben
ca. 75 g Parmesan oder Sbrinz,
gerieben

Die ganzen Paprikaschoten auf einem offenen Feuer, einer Gasflamme oder im Grill oder Ofen rösten, bis die Haut rundherum Blasen wirft. In einen Papiersack geben und gut schliessen. Etwa 15 Minuten dämpfen lassen. Herausnehmen und die Haut abziehen. Auf einer Seite der Länge nach schlitzen und die Kerne herausschaben. (Stiele dranlassen. Mexikanische Köche beweisen damit, dass sie keine Büchsenpaprika verwendet haben.) In eine Gratinform legen und mit Frijoles füllen. Die Hälfte der weissen Sauce über die Paprikaschoten geben, mit dem Raclettekäse bestreuen und mit der restlichen Sauce und dem Parmesan wiederholen. Überbacken, bis sich der Käse goldbraun verfärbt (15 bis 20 Minuten). Mit einem Maisgericht und Chili-Sauce, Seite 77, servieren.

Tip: Echte Chiles Rellenos werden zwar immer geröstet und geschält. Wenn's eilt, kann man dies auch auslassen. Die gefüllten Paprikaschoten müssen dann 30 bis 40 Minuten gebacken werden.

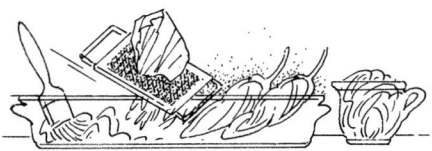

Exotische Hirse- und Mungbohnenplätzchen

100 g Mungbohnen
200 g Goldhirse
Butter oder Bratbutter
50 g ganze Cajou-Kerne
¼ TL Kreuzkümmel, zerstossen
¼ TL schwarze Senfsamen,
zerstossen
¼ TL Gelbwurzpulver
½ TL Korianderpulver
1 EL frische Ingwerwurzel,
geschält und auf der
Zitronenraffel gerieben
oder 1 TL Ingwerpulver
2 Zwiebeln, in dünne Streifen
geschnitten
½ TL Sambal Oelek oder
1 Pfefferschote, fein gehackt
1 EL Zitronensaft
2 EL Sojasauce
1½ TL Meersalz
2 EL Rosinen

Die Mungbohnen über Nacht in viel kaltem Wasser einweichen. Am nächsten Tag das Einweichwasser abschütten und die Bohnen spülen. Die Hirse in heissem Wasser waschen und abtropfen lassen. Bohnen, Hirse und 1 Liter frisches Wasser zugedeckt 30 bis 45 Minuten zu einem Mus verkochen. 1 EL Fett, Cajou-Kerne, Kreuzkümmel, Senfsamen, Gelbwurz, Koriander und Ingwer in die Bratpfanne geben und einige Sekunden rösten. Zwiebeln und Sambal oder Pfefferschote beifügen und einige Minuten andünsten. Die gekochte Bohnen-Hirse-Mischung in eine grosse Schüssel geben. Alle Zutaten beifügen und alles gründlich mischen. Etwas erkalten lassen. Die Bratpfanne ausreiben und etwas Butter darin erwärmen. Mit dem Eisportio-

nierer Kugeln abstechen und direkt hineinsetzen. Mit einer feuchten Gabel flachdrücken und beidseitig anbraten. Mit Joghurt oder Raita, Seite 80, und Scheiben von frischen Saisonfrüchten servieren.

Gefüllte Superzucchini

6 Portionen

100 g Borlotti- oder
Schwarzbohnen
2 Salbeiblätter
Rosmarin
200 g Maisschrot oder -griess
½ l Wasser
Meersalz
300 ml Milch
1 bis 2 Riesenzucchini oder 3 bis
4 kleinere
Olivenöl oder Butter
1 Knoblauchzehe, fein gehackt
1 Zwiebel, fein gehackt
1 TL Hefewürze
1 Bund frischer Basilikum, fein
gehackt
Pfeffer aus der Mühle
100 g Reibkäse

Die Bohnen in viel kaltem Wasser über Nacht
einweichen. Am nächsten Tag das Wasser
abgiessen, die Bohnen spülen und so viel frisches
Wasser dazugeben, dass sie gut bedeckt sind.
Salbei und Rosmarin beifügen und etwa
1 Stunde weich kochen. Mais, Wasser und 1 Prise
Salz unter Rühren zum Kochen bringen.
20 Minuten auf kleinem Feuer köcheln lassen,
dabei häufig rühren und nach und nach die
Milch beifügen. Zugedeckt quellen lassen. Die
Zucchini der Länge nach halbieren und mit
einem Löffel zu Schiffchen aushöhlen. Mit
Olivenöl oder Butter einreiben und, Schnittfläche
nach oben, auf ein Backblech legen. Bei
200 Grad 15 Minuten backen. Das Zucchini-
fleisch, sofern es nicht zu kernig ist, hacken und
zusammen mit Knoblauch und Zwiebel in
Olivenöl oder Butter andünsten. Mit Salz, Hefewürze, Basilikum und Pfeffer würzen und mit
dem Mais vermischen. Die weichgekochten
Bohnen abseihen und ebenfalls sorgfältig mit
dem Mais vermengen. Die Zucchini aus dem
Ofen nehmen, füllen und mit Reibkäse bestreuen. Nochmals 15 Minuten überbacken
und sofort servieren.

Weisse Sauce

30 g Butter oder 2 EL Maiskeimöl
3 EL Ruchmehl oder gesiebtes
Vollkornmehl
etwa ½ l kalte Flüssigkeit
(Wasser, Milch, Brühe)
wenig Meersalz oder
Gewürzextrakt
Muskat
Oregano
½ ausgepresste Knoblauchzehe
1 EL Zitronensaft

Das Fett in einer Saucenpfanne erwärmen. Das
Mehl beifügen und bei kleiner Hitze ein paar
Minuten rösten. Vom Feuer nehmen und kaltes
Wasser mit dem Schneebesen langsam dazu-
rühren, bis ein dicker Brei entsteht. Aufkochen,
Milch oder Brühe dazugiessen und etwa 15
Minuten köcheln lassen. Zwischendurch nach
Geschmack würzen und wenn nötig mehr Flüs-
sigkeit zugeben.

Bohnen-Gnocchi

200 g Flagelot-Bohnen oder
weisse Bohnen
je 1 Zweiglein Bohnenkraut und
Thymian
1 Lorbeerblatt
400 g Kartoffeln
¼ TL Muskat
2 Knoblauchzehen, gepresst
Kräutersalz
Pfeffer aus der Mühle
1 EL Olivenöl
2 Eier
50 g geriebener Parmesan
Zum Überbacken:
100 ml Milch und 100 ml Rahm
oder 200 ml Milch
50 bis 100 g geriebener
Parmesan

Die Bohnen über Nacht einweichen. Am
nächsten Tag das Einweichwasser abgiessen und
die Bohnen spülen. Mit so viel frischem Wasser,
dass sie gut bedeckt sind, in einen Topf geben.
Bohnenkraut, Thymian und Lorbeer beifügen,
alles zum Kochen bringen und ½ Stunde zugedeckt köcheln lassen. Inzwischen die Kartoffeln
gut waschen (schälen ist nicht nötig) und in
grobe Würfel schneiden. Zu den Bohnen geben
und weitere 30 Minuten kochen, bis die Bohnen
zerfallen. Die Kräuter entfernen und das Kochwasser abgiessen. Bohnen und Kartoffeln durchs
Passevite (Passiergerät) drehen und etwas
erkalten lassen. Die übrigen Zutaten beifügen

und alles gut verrühren. 2 Gratinformen
einfetten. Mit dem Esslöffel pflaumengrosse
Häufchen von der Masse abstechen und dicht
nebeneinander in die Formen setzen. Milch und
evtl. Rahm in die Form giessen, so dass die
Häufchen davon umgeben sind. Mit dem restlichen Parmesan bestreuen und bei 225 Grad 20
Minuten überbacken. Ergibt zusammen mit
einem Salat eine vollständige Mahlzeit. Bohnen-
Gnocchi können auch als Vorspeise für 8 bis 10
Personen serviert werden.

Weissbohnen-Sauce

200 g weisse Bohnen
1 Lorbeerblatt
1 Zweiglein Thymian
100 g frische Champignons
30 g Butter
1 Knoblauchzehe
200 ml Milch oder 100 ml Rahm
und 100 ml Milch
Meersalz
Sojasauce

Die Bohnen in viel kaltem Wasser über Nacht
einweichen. Am nächsten Tag das Wasser
abgiessen, die Bohnen spülen und so viel frisches
Wasser dazugeben, dass sie gut bedeckt sind.
Lorbeer und Thymian beifügen und etwa
1 Stunde weich kochen. Inzwischen die Champignons waschen, kleinschneiden und in der
Butter anbraten. Den Knoblauch durch die
Presse dazugeben. Wenn die Bohnen weich
gekocht sind, salzen und die Hälfte davon mit
der Milch in einen Messbecher geben. Mit dem
Stabmixer oder einer Gabel pürieren. Das Püree
zu den Champignons geben. Die restlichen
Bohnen unterheben und aufkochen. Mit Sojasauce abschmecken. Mit frischen Kräutern
bestreut über die Dinkelknödel (S. 71) geben.

Falsche Dinkelknödel

Eigentlich ist dies eine einfache Schrotspeise, aber jedesmal, wenn ich sie mit dem Eisportionierer serviere, fragen die Leute, ob das Knödel seien.

200 g Dinkel
1 Zwiebel
wenig Butter oder Öl
½ l Wasser
100 ml Milch
wenig Salz
50 g Greyerzer

Den Dinkel waschen und in einer Pfanne bei ganz kleiner Hitze trocknen (darren). Die Körner dürfen nie so heiss werden, dass sie nicht mehr berührt werden können. Erkalten lassen und auf der Mühle schroten. Die Zwiebel fein schneiden und im Fett in einem Topf glasig braten. Dinkelschrot und Wasser beifügen, aufkochen und unter häufigem Rühren 5 Minuten köcheln lassen. Milch und Salz einrühren und nochmals aufkochen. Den Käse fein reiben und unterziehen. Zugedeckt quellen lassen und warmhalten. Mit dem Eisportionierer pro Portion 1 bis 2 Kugeln direkt auf die Teller anrichten und mit der Weissbohnen-Sauce (Seite 70) übergiessen.

Sesamöl, das besondere

Im Handel sind 2 Sorten von Sesamöl erhältlich:

Gepresstes Sesamöl ist hellgrün und hat einen besonderen, eleganten Geschmack. Es wird in Salat und zum Dünsten von Gemüse verwendet. Wenn es fehlt, kann es durch Walnuss- oder Olivenöl ersetzt werden.

Geröstetes Sesamöl ist braun und hat ein starkes Röstaroma. Es wird in der fernöstlichen Küche wie ein Gewürz teelöffelweise verwendet.

Knoblauch- und Bohnensugo

200 g Borlotti- oder
Kidney-Bohnen
1 ganze Knoblauchzwiebel
3 Tomaten oder 1 kleines Glas
Pelati
1 EL Olivenöl
1 TL Meersalz
Pfeffer aus der Mühle
Basilikum

Die Bohnen über Nacht einweichen. Am nächsten Tag das Einweichwasser abgiessen und die Bohnen spülen. Mit so viel frischem Wasser, dass sie gut bedeckt sind, in einen Topf geben. Die Knoblauchzwiebel von der äusseren papierenen Schale befreien (aber nicht ganz schälen) und dazugeben. 1 Stunde weich kochen. Inzwischen die Tomaten in Würfel schneiden und in einer Saucenpfanne im Olivenöl 20 Minuten schmoren lassen. Mit Salz, Pfeffer und Basilikum würzen. Wenn die Bohnen sehr weich gekocht sind, den Knoblauch herausnehmen, etwas abkühlen lassen und in einzelne Zehen trennen. Zusammen mit den Tomaten durch ein Sieb streichen und das Püree zu den Bohnen geben. Gut verrühren, aufkochen und einige Minuten köcheln lassen. Abschmecken und zusammen mit Reibkäse zu Vollkornteigwaren, Polenta oder Vollreis servieren.

Yokan
(Azuki-Bohnen-Pudding)

Diese japanische Süssspeise passt nach einem exotischen Mahl gut zu grünem Tee. Das Rezept ergibt etwa 12 Portionen. Yokan kann im Kühlschrank mehrere Tage aufbewahrt werden.

300 g Azuki-Bohnen
3 bis 4 EL Honig
3 EL Agar-Agarflocken oder 1 TL
Agar-Agarpulver
1 TL Amaretto oder ¼ Tl
Mandelessenz
1 Pr. Meersalz

Die Bohnen über Nacht in viel Wasser einweichen. Am nächsten Tag das Wasser abgiessen, spülen und 1 l frisches Wasser beifügen. Zum Kochen bringen und ½ Stunde zugedeckt köcheln lassen. ½ l frisches Wasser beifügen und 2 Stunden weiterköcheln lassen. Dann die Bohnen mit dem Stabmixer pürieren und durch ein Sieb streichen, bis man 1 l Bohnenflüssigkeit hat. Honig, Agar, Amaretto und Salz einrühren, zum Kochen bringen und 20 Minuten köcheln lassen. Hie und da gut umrühren. Inzwischen die ganzen Mandeln ohne Fettzugabe rösten und grob hacken. Zu den Bohnen geben. In eine kalt ausgespülte Cake- oder Puddingform giessen und erkalten lassen. Stürzen und als dünne Schnitten servieren.

Tip: Die Bohnenrückstände nicht wegwerfen, sondern zu einer Suppe verarbeiten oder Azuki-Tätschli daraus machen. Man vermischt die Masse mit 1 Ei, 1 feingehackten Zwiebel, viel frischgemahlenem Pfeffer, Sojasauce und Mehl. Tätschli formen und fritieren oder in der Pfanne braten.

Schwarz-weiss-bunte Wintermahlzeit

Eigentlich sind dies 3 Rezepte für sich. Kombiniert ergeben sie eine farbenfrische, herzhafte Mahlzeit. Servieren Sie einen knackigen Salat davor.

Schwarzbohnen

120 g Schwarzbohnen
2 EL Oliven- oder Sesamöl
je 2 Schnipsel Orangen- und
Zitronenschale, mit dem
Sparschäler geschält
1 Knoblauchzehe, durchgepresst
Kräutersalz, Pfeffer

Die Bohnen über Nacht einweichen. Am nächsten Tag das Wasser abgiessen und die Bohnen spülen und abtropfen lassen. In einem Topf das Olivenöl erwärmen und Zitrusschalen und Knoblauch, dann die Bohnen zugeben und so viel frisches Wasser beifügen, dass sie gut bedeckt sind. Zugedeckt köcheln lassen, bis die Bohnen weich sind (etwa 1 Stunde). Würzen und nochmals 8 bis 10 Minuten kochen.

Weisse Bohnensauce

150 g weisse Bohnen
Rosmarin, Thymian, Lorbeerblatt
Pfeffer und Salz
1 Zwiebel, fein gehackt
Milch

Die Bohnen im Wasser über Nacht einweichen. Am nächsten Tag das Wasser abgiessen, die Bohnen spülen und so viel frisches Wasser dazugeben, dass sie gut bedeckt sind. Rosmarin, Thymian und Lorbeer beifügen und alles etwa 1 Stunde weich kochen. Etwa ⅓ der Bohnen mit einer Gabel zerstossen. In einer Bratpfanne die Zwiebel in wenig Öl glasig braten. Die Bohnen beifügen. Würzen und so viel Milch zugiessen, dass eine Sauce entsteht. Nochmals kurz köcheln lassen.

Kürbisgericht

2 EL Olivenöl
1 Stück Ingwer, geschält und
in feinste Streifen geschnitten
2 Knoblauchzehen, fein gehackt
1 Pfefferschote, fein gehackt
1 EL Basilikum
2 Karotten, in Würfel geschnitten
1 kleiner Sellerie, in Würfel
geschnitten
500 g Kürbis, in Würfel
geschnitten
500 g Kartoffeln, in Würfel
geschnitten
Meersalz, Pfeffer aus der Mühle
1 grosses Glas Pelati mit Saft
Sojasauce zum Abschmecken

Das Öl in einem grossen Topf erwärmen. Ingwer, Knoblauch, Pfefferschote und Basilikum kurz andünsten. Die Gemüse eins nach dem andern zugeben und 5 Minuten rührbraten. Die Pelati zugeben. Würzen und zugedeckt 30 bis 45 Minuten schmoren lassen. Mit Sojasauce abschmecken. Die 3 Gerichte nebeneinander in Suppenteller anrichten und mit einem Löffel nature Joghurt garnieren.

Beim Würzen nicht geizen:
Gewürze und Saucen

Wer in alten Kochbüchern stöbert, ist erstaunt, wie wenig unsere Gross-mütter mit Kräutern und Gewürzen umzugehen wussten. Pfeffer und Salz, Petersilie und Schnittlauch, hie und da ein Lorbeerblatt und eine Prise Kümmel, Nelken oder Muskat, viel mehr kannten sie nicht, um Grossvaters Gaumen mit Gewürzen zu bezirzen. Das war nicht immer so. Von der Küche im alten Rom wissen wir, dass die kohlenhydratreiche Körner- und Hülsenfrüchtekost üppig gewürzt und von pikanten Saucen begleitet war, ähnlich wie heute noch im klassischen Gewürzland Indien und vielen andern Ländern der Dritten Welt. Reis, Hirse, Mais, Weizen, Linsen und Bohnen werden mit viel Fingerspitzengefühl aromatisiert und mit Pfiff gepfeffert.

Auch in der modernen Hülsenfrüchteküche kommen wir um das grosszügige Würzen nicht herum. Machen Sie deshalb Inventar auf dem Gewürzgestell und füllen Sie die Lücken. Was Sie an den bunten Pulvern, Samen und Schoten nicht in guten Lebensmittelgeschäften finden, er-halten Sie in Drogerien, Apotheken und Dritt-Welt-Läden. Im Sommer gesellen sich frische, im Winter getrocknete Kräuter dazu. Gewürze und Kräuter machen jedes Essen auf angenehme Art gesünder. Viele Heil-stoffe wirken Blähungen entgegen und sind leberstärkend und blutrei-nigend. Frische, grüne Kräuter erfreuen das Auge und regen schon beim blossen Anblick die Verdauung an. Ferner liefern sie uns Vitamine und Mineralstoffe. In einem einzigen Petersilie-Zweiglein sind 3 mg Vitamin C und 10 mg Kalzium enthalten. Vitamin C findet sich auch in Pfeffer-schoten, Paprika, Chili und Cayennepfeffer, die zudem das Blut dünn-flüssig machen. Ideale Würzen für Herzkranke also. Ferner – wie könnte es anders sein bei feurigen Zutaten – helfen sie bei der Verbrennung der Nahrung. Wer pikant würzt, spart Kalorien.

Meersalz, Kräutersalz, echte Sojasauce (Shoyu oder Tamari), ein guter Gemüseextrakt und eine Hefewürze sorgen für den nötigen Salzge-schmack. Säuerliche Zutaten – wie Essig, Zitronen, Wein, Senf und Tomaten – heben Geschmack und Bekömmlichkeit von Hülsenfrucht-gerichten. Als eine unübertreffliche Ergänzung zu vielen Rezepten hat sich Joghurt entpuppt. Es kann als Zutat verwendet werden oder als begleitende Sauce, die Augen und Gaumen erfreut.

Frische Kräuter

Als ganze Zweiglein

kochen wir sie in Gerichten mit, die ziemlich flüssig sind, z. B. Suppen, Eintöpfe, Saucen, und entfernen sie vor dem Anrichten. Ganze Zweiglein oder Blätter können auch zum Garnieren dienen.

Fein gehackt oder gewiegt

– fein auch im Sinne von schonend – fügen wir frische Kräuter erst gegen Ende der Kochzeit bei. Wir vermischen sie mit dem Kochgut oder bestreuen die angerichteten Speisen damit. Maggikraut, Salbei, Rosmarin, Thymian und Bohnenkraut verwenden wir auf diese Art nur sehr sparsam und nehmen nur die zarten Teile. Diese Kräuter entfalten ihre Würzkraft am besten, wenn sie als ganze Zweiglein mitgekocht werden.

Getrocknete Kräuter

Ganze, getrocknete Kräuterzweige

verwenden wir wie frische, oder wir reiben sie zwischen den Handflächen direkt in den Kochtopf und werfen die kahlen Stiele weg.

Gerebelte und pulverisierte Kräuter

geben wir direkt in die Speisen. In der Regel sollten sie nicht allzulange gekocht werden, da sie sonst den Geschmack verlieren oder bitter werden.

Gewürzsamen

Kümmel, Kreuzkümmel, Koriander, Senfkörner usw. schmecken feiner, wenn sie vor Gebrauch im Mörser etwas zerstampft werden.

Das Rösten von Gewürzen

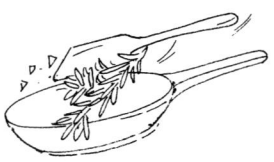

Alle Gewürze entwickeln ihr Aroma besser, wenn sie vor Gebrauch einige Sekunden (ohne Fettzugabe) geröstet werden.

Pfefferschoten, Peperoncini

Frische Schoten längs halbieren. Wenn sie sehr scharf sind, Kerne entfernen. Ganz oder fein geschnitten dem Gericht beifügen. (Vorsicht: Nach dem Hantieren mit Pfefferschoten nicht die Augen reiben!)

Pfefferschoten wachsen an sonnigen Standorten im eigenen Garten. Sie können für den Wintervorrat durch Aufschlitzen, Auffädeln und Aufhängen getrocknet und haltbar gemacht oder zu hausgemachtem Sambal Oelek verarbeitet werden.

Sambal Oelek, hausgemacht

Ein Rezept für Sambal ohne Konservierungs-
mittel und Zusatzstoffe.

100 g rote, scharfe
Pfefferschoten
35 g Meersalz

Die Schoten mit den Kernen grob schneiden und
in einen hohen Becher geben. Meersalz beifügen. Mit dem Stabmixer zu Mus pürieren. In
einem Schraubglas im Kühlschrank aufbewahren.

Frischer Ingwer

Ingwer ist zwar ein scharfes Gewürz, im Gegen-
satz zu Pfeffer aber sehr bekömmlich. Er wirkt
magenstimulierend. Frische Ingwerwurzeln
haben viel mehr Geschmack als das Pulver. Sie
sind in guten Gemüsegeschäften und Spezialitä-
tenläden erhältlich. Eine einzige Wurzel reicht
für mehrere Wochen. Sie wird wie Zwiebeln
aufbewahrt. Für den Gebrauch wird sie ein paar
Zentimeter weit geschält, ganz kleingeschnitten
oder auf der Zitronen- oder Bircherraffel
gerieben und mitgekocht. Etwas ganz Feines ist
der Ingwersaft: Man reibt die (ungeschälte)
Wurzel in der Faserrichtung auf einer Rohkost-
oder Bircherraffel zu einem Mus, presst dieses
mit der Faust aus und fängt den Saft auf. Diesen
gibt man gegen Ende der Kochzeit den
Gerichten bei.

Chili-Sauce

1 EL Olivenöl
1 EL Honig
3 EL Wasser
3 EL Rotweinessig
2 EL Tomatenpüree
1 Knoblauchzehe, grob gehackt
1 Zwiebel, grob gehackt
3 Tomaten, grob geschnitten,
oder 1 Tasse Pelati
1 TL Kreuzkümmel
1 TL Chilipulver oder
1 Pfefferschote, gehackt
1 TL Meersalz
½ TL Koriander
¼ TL Cayennepfeffer

Alle Zutaten im Mixer oder mit dem Stabmixer
pürieren, bis eine fast glatte Sauce entsteht. In
einem verschlossenen Glas im Kühlschrank
aufbewahrt, hält diese Sauce zwei Wochen.
Chili-Sauce passt zu Plätzchen und Pasteten und
ist ein Muss zu mexikanischen Gerichten.

Kräuter-Recycling

**Gewürze und Trocken-
kräuter sollten innert einem
Jahr, ganze Samen innert
zwei Jahren aufgebraucht
werden. Deshalb mache ich
jeweils im Frühjahr Ord-
nung im Gewürzgestell.
Doch bevor ich das aromati-
sche Grün via Kompost an
Mutter Erde zurückgebe,
bereite ich ihm ein ehren-
volles Ende als genüssliches
Kräuterbad.**

Curry-Hausmischung

Currygerichte stehen und fallen mit der verwendeten Currymischung. Wenn Sie keine gute Mischung im Handel finden, versuchen Sie doch die folgende selbstgemachte. Die Gewürze sind in guten Lebensmittelgeschäften, Drogerien oder Apotheken erhältlich. Curryblätter gibt's in Dritt-Welt-Läden.

4 EL Korianderkörner
2 EL Kreuzkümmel
2 EL Gelbwurz (Kurkuma), gemahlen
1 EL Kardamomschoten oder -pulver
1 EL Senfkörner
1 EL Bockshornklee (Fenugreek)
1 TL schwarzer Pfeffer
1 TL süsser Pfeffer (Piment)
20 getrocknete Curryblätter
3 getrocknete Pfefferschoten oder 2 TL Chilipulver

Alle Gewürze in einer Kaffee- oder Nussmühle oder im Cutter fein mahlen und in einem gutschliessenden Glas aufbewahren. Haltbarkeit: 1 Jahr.

Merrettichschaum

Passt zu einfachen Hülsenfruchtgerichten.

100 g Vollmilchquark
½ EL Meerrettichwurzel
½ TL Hefewürze
Kräutersalz
wenig Zitronensaft
50 ml Rahm

Den Quark in eine Schüssel geben. Den Meerrettich ein paar Zentimeter weit schälen und durch die Zitronenraffel dazureiben. Hefewürze, Kräutersalz und Zitronensaft beifügen. Den Rahm steif schlagen, untermischen und abschmecken.

Gorgonzola-Sauce

Diese Sauce ist im Nu gekocht. Sie wird warm gegessen und eignet sich als Begleitung zu «Braten» und «Frikadellen» aus Hülsenfrüchten.

1 EL Stärkemehl
300 ml Milch
200 g Gorgonzola, in grosse Würfel geschnitten
1 Knoblauchzehe, gepresst
Kräutersalz
viel frischgemahlener schwarzer Pfeffer

Alle Zutaten in ein Saucenpfännchen geben und langsam unter sorgfältigem Rühren mit der Holzkelle zum Kochen bringen. Wenn die Sauce eindickt, aber der Käse noch nicht ganz geschmolzen ist, sofort vom Feuer nehmen, abschmecken und servieren.

Guacamole (Avocado-Pâté)

In mittelamerikanischen Ländern sind Avocados die «Butter der Armen». Bei uns sind sie eine nicht ganz billige Delikatesse, die unsern winterlichen Gemüse- und Salatteller bereichert. Die Zubereitung von Guacamole ist schnell und einfach, vorausgesetzt, dass die Avocados reif und butterweich sind. Mit harten, unreifen Avocados lässt sich kein Guacamole zubereiten. Manchmal müssen die Avocados eine Woche und länger lagern, bis sie den richtigen Reifegrad erreicht haben. In einem Papiersack bei Zimmertemperatur werden sie schneller, im Kühlschrank langsamer reif.

> 2 Avocados
> 4 EL Joghurt oder Sauermilch
> 2 Knoblauchzehen
> 1½ EL Zitronensaft
> ½ TL Korianderpulver
> ¼ bis ½ TL Chilipulver
> etwas Cayennepfeffer
> wenig Kräutersalz
> schwarze Oliven und im Sommer
> Tomatenscheiben zum
> Garnieren

Die Avocados halbieren, Stein entfernen und das Fruchtfleisch mit einem Löffel auskratzen und in eine Schüssel geben. Die übrigen Zutaten beifügen und mit einer Gabel zu einem Mus zerdrücken. Garnieren und zu Chili oder Burritos oder als Vorspeise servieren.

Tip: Wenn ein Avocadokern im Guacamole eingelegt wird, bleibt die Farbe frischer.

Köstlicher Geschmack

Das Allerweltsgewürz der Nahrungsmittelindustrie, der Geschmacksverstärker Natriumglutamat, hat ein Vorbild in der Natur: die Meeresalge Kelp. Sie enthält natürliches Glutamat und ist in der fernöstlichen Küche ein traditionelles Würzmittel. Die Japaner bezeichnen ihren Geschmack mit «umami», was «köstlicher Geschmack» bedeutet.

Wenig Kelp, mit Hülsenfrüchten gekocht, würzt diese diskret, bringt zusätzliche Mineralstoffe, unter anderem Jod, und macht die Gerichte leichter verdaulich. Kelp ist in Reformhäusern und Bioläden erhältlich. Man gibt etwa ½ Teelöffel Pulver oder einige Zentimeter der getrockneten Blätter zu den eingeweichten Hülsenfrüchten und kocht sie mit.

Raita

Joghurt auf indische Art. Es passt zu allen scharfen Curry-Gerichten.

2 Becher Joghurt
1 Pr. Kräutersalz
1 EL frische Pfefferminzblätter,
fein gehackt
150 g Salatgurke

Joghurt und Gewürze verrühren. Die Gurke durch die Sellerie- oder Röstiraffel dazureiben, mischen und sofort servieren.

Wintervariante: Anstelle von frischer Minze 1 Prise Koriander und ein paar Tropfen Zitronensaft nehmen, anstelle von Gurken Sellerie oder Rettich, auf der Bircherraffel gerieben.

Tahin-Sauce

Tahin ist eine Sesampaste, erhältlich in Reformhäusern und Bioläden. Sie kann, unverdünnt oder in etwas Wasser aufgelöst, ähnlich wie Butter oder Rahm zum Verfeinern verwendet werden.

100 g weisser Tahin
Saft von 1 Zitrone
1 Knoblauchzehe, gepresst
¼ TL Meersalz
100 bis 150 ml Wasser

Alle Zutaten mit einem Schneebesen oder dem Stabmixer zu einer sämigen Sauce verrühren. Passt besonders gut zu Falafel, Seite 38.

Rosinen-Chutney

Ein schnell zubereitetes Chutney mit einer ganz besonderen Mischung von Aromen. Kann zusammen mit Joghurt zu Curry-Gerichten gereicht werden.

50 g schwarze Rosinen
1 EL Zitronensaft
½ Bund frische Pfefferminze,
Stiele entfernt und grob gehackt
½ saurer Apfel, geschält,
entkernt und grob geschnitten
½ Orange, geschält und in
grosse Stücke geschnitten
½ Pfefferschote (Peperoncini),
entkernt und fein geschnitten
1 Prise Meersalz

Die Rosinen mit dem Zitronensaft beträufeln. Die übrigen Zutaten vorbereiten. Alle Zutaten ausser dem Salz in den Cutter geben und mit einigen wenigen Umdrehungen hacken (nicht pürieren). In eine Schüssel geben, das Meersalz untermischen und sofort servieren.

Tip: Wenn kein Cutter vorhanden ist, die Zutaten auf ein grosses Hackbrett legen und mit einem grossen Messer oder Wiegemesser fein hacken.

81

Verzeichnis der Rezepte

Weitere Bücher aus der gesunden Küche
im AT Verlag

Verena Krieger
Die Getreideküche

Verena Krieger
Natürlich und gesund Einmachen
Die Vorratshaltung von Gemüse und Obst

Verena Krieger/Ute Gallus
Die Vollwert-Bäckerei
Vom täglichen Brot bis zur Festtagstorte

Verena Krieger
Ökoküche
Vollwertig und umweltgerecht einkaufen
und essen

Jacqueline Fessel/Margrit Sulzberger
Die schnelle Vollwert-Küche

Jacqueline Fessel/Margrit Sulzberger
Die schlanke Vollwert-Küche
Das 4-Wochen-Programm zum gesunden
Abnehmen

Stefan Becht/Jürgen Legath
Das grosse Buch vom Öl

Karol Kovacovsky
Natürlich Naturküche
Die schönsten Rezepte mit Gemüse
und Getreide aus dem Restaurant Menuetto

Belinda Grant
Die Entschlackungsdiät

Ho Fu-Lung
Die vegetarische chinesische Küche

Linse

Limabohne
(weisse Bohne)

Erbse